D1746920

FÜRSTENTUM LIECHTENSTEIN
DIE SCHÖNSTEN BILDER UND BRIEFMARKEN

Dankeschön

Es ist ein langer und spannender Prozess, bis ein Buch letztendlich in den Händen der Betrachter liegt. Viele Personen wirken bei der Realisierung mit, bringen Ideen ein und tragen auf ihre Art zum guten Gelingen bei. So möchten wir uns bei allen Beteiligten ganz herzlich bedanken. Ihnen allen ist es zu verdanken, dass ein Werk geschaffen werden konnte, das faszinierende Bilder über Liechtenstein in interessanten Kombinationen mit den schönsten Briefmarken des Landes vereint.

Die Herausgeber
LPHV Liechtensteiner Philatelisten Verband

Die nachstehenden Institutionen, Firmen und Stiftungen fördern und ermöglichen mit ihren finanziellen Beiträgen in verdankenswerter Weise die Herausgabe dieses Werkes:

- **Liechtensteinische Post AG, Schaan**
- **Kulturstiftung Liechtenstein**
- **Stiftung Propter Homines, Vaduz**
- **Stiftung Fürstl. Kommerzienrat Guido Feger, Vaduz**
- **VP-Bank-Stiftung, Vaduz**
- **Liechtensteinische Landesbank AG, Vaduz**
- **Gemeinde Vaduz**
- **Gemeinde Schaan**
- **Gemeinde Gamprin-Bendern**
- **Gemeinde Triesen**
- **Gemeinde Planken**
- **Alfons Näff, Gamprin-Bendern**

FÜRSTENTUM LIECHTENSTEIN

DIE SCHÖNSTEN BILDER UND BRIEFMARKEN

alpenland
verlag

1. Auflage 2012
© 2012 Alpenland Verlag AG, Schaan

Herausgeber: LPHV Liechtensteiner Philatelisten Verband, Vaduz,
verantwortlich: Hans-Peter Rheinberger, Vaduz
Verlagsleitung: Max Meinherz, Alpenland Verlag AG, Schaan
Textredaktion: Anton Banzer, Triesen (Texte Liechtenstein); Pio Schurti, Triesen (Texte Philatelie)
Autoren: Gemäss Verzeichnis Seite 208
Fotografen: Gemäss Fotonachweis Seite 206
Satz und Gestaltung: Gutenberg AG, Schaan
Lithos: Gutenberg AG, Schaan
Schrift: Rotis Sans Serif, Minion
Druck: Gutenberg AG, Schaan
Bindung: Buchbinderei Burkhardt AG, Mönchaltorf
Papier: Multi Art Silk 170 g/m², Papyrus
Verlag: Alpenland Verlag AG, Feldkircher Strasse 13, FL-9494 Schaan
Internet: www.alpenlandverlag.li, www.buchzentrum.li

ISBN 978-3-905437-29-4

Inhaltsverzeichnis

7	Vorwort Alois Erbprinz von Liechtenstein		
8	**Liechtenstein Im Überblick**		
10	*Geschichte*	16	*Staatswesen*
22	**Schloss und Fürstenhaus**		
24	*Fürstliches Haus Liechtenstein*	40	*Kunstschätze von Weltrang*
30	*Schloss Vaduz wird Fürstenresidenz*	44	*Staatsfeiertag*
48	**Streifzug durch die Gemeinden**		
50	*Vaduz*	88	*Ruggell*
58	*Triesenberg*	94	*Triesen*
64	*Balzers*	100	*Schaan*
70	*Planken*	106	*Gamprin-Bendern*
76	*Schellenberg*	112	*Eschen-Nendeln*
82	*Mauren-Schaanwald*		
118	**Berg, Tal, Rhein**		
120	*Der Talraum*	140	*Wald und Waldwirtschaft*
126	*Berggebiet*	144	*Naturschutz*
132	*Pflanzen- und Tierwelt*		
148	**Leben in Liechtenstein**		
150	*Freizeit und Sport*	166	*Kultur*
158	*Brauchtum*	170	*Bildung*
162	*Kunst*	174	*Religion*
178	**Arbeitsplatz Liechtenstein**		
180	*Handwerk, Arbeit, Wirtschaft, Industrie*	188	*Landwirtschaft*
194	Panoramakarte Liechtenstein		
196	Geschichte des Postwesens und der Wertzeichen im Fürstentum Liechtenstein		
206	Fotografenverzeichnis		
208	Autorenverzeichnis		

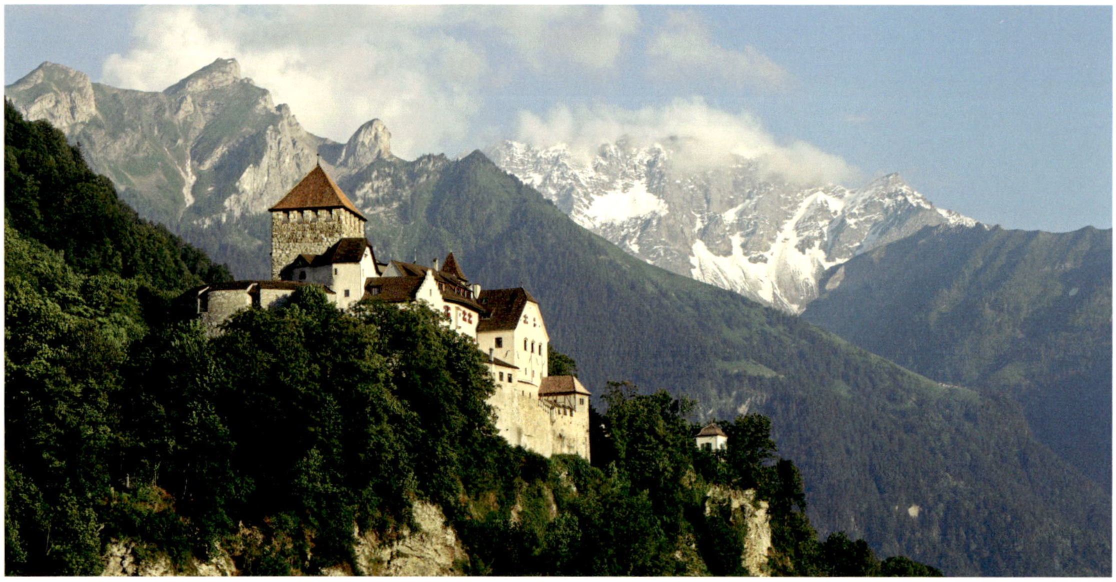

Grenzenlose Vielfalt auf kleinstem Raum

In diesem Bildband werden wunderbare, grossformatige Bilder verschiedenster Themenbereiche aus dem Fürstentum Liechtenstein mit passenden Briefmarken ergänzt. Diese Kombination passt wohl nirgends besser als in Liechtenstein, gehören doch Briefmarken seit über 100 Jahren zu den beständigsten und attraktivsten Kulturbotschaftern unseres Landes. Briefmarken dokumentieren das Leben und die Geschichte Liechtensteins auf anschauliche Weise. Archäologische Funde, Mitgliedschaften bei internationalen Organisationen, wirtschaftliche Errungenschaften, grosse kulturelle oder politische Jubiläen, bedeutende Anlässe und Ereignisse, aber auch wertvolle Schätze aus Kunst, Architektur und Natur erhalten auf den liechtensteinischen Briefmarken ihren Platz und somit ihre Würdigung. Briefmarken und Liechtenstein haben noch etwas gemeinsam: eine grenzenlose Vielfalt auf kleinstem Raum, die es zu entdecken gilt. So wie der Briefmarkensammler erst mit einem Vergrösserungsglas die vielen filigranen Details auf einer Marke entdeckt, so wird auch der Besucher Liechtensteins erst bei einem längeren Aufenthalt und genauerem Hinsehen die landschaftliche und kulturelle Vielfalt entdecken, die das Land zu bieten hat.

Alois Erbprinz von Liechtenstein

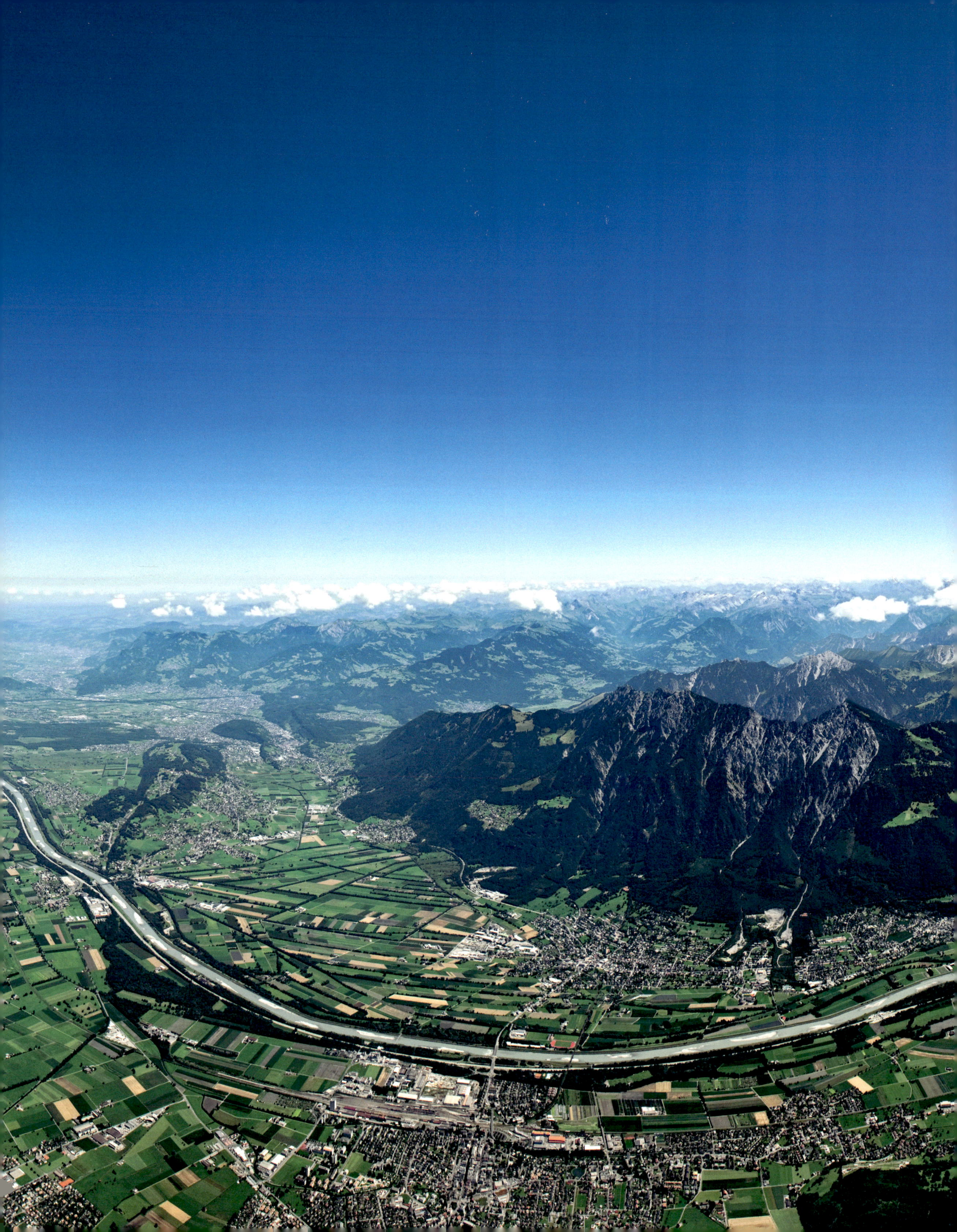

Liechtenstein im Überblick

Geschichte

1977 | Älteste Landeskarte, 1721 von Johann Jacob Heber geschaffen. Briefmarke gestaltet von Walter Wachter.

Während der Eiszeit war das Gebiet des heutigen Liechtenstein mit einem 1000 Meter dicken Eispanzer überdeckt. Gletscher und Rhein furchten die Landschaft. Seit der Jungsteinzeit (vor ca. 6000 Jahren) begannen Menschen auf den Hügeln des Eschnerbergs und am Rand der Rheinebene zu siedeln. Kelten, Räter, Römer, Germanen lebten und vermischten sich hier.

Aus herrschaftlichen Teilungen gingen die zwei Landesteile hervor, als Herrschaft Schellenberg im Unterland und als Grafschaft Vaduz im Oberland. Sie wurden nacheinander jeweils rund ein Jahrhundert lang durch die Grafen von Montfort, von Werdenberg-Sargans und von Vaduz, durch die Freiherren von Brandis, die Grafen von Sulz sowie die Grafen von Hohenems regiert. Diese letzteren aber wurden im 17. Jahrhundert wegen Misswirtschaft durch den Kaiser ihrer Herrschaft enthoben, die beiden Gebiete schliesslich zum Verkauf angeboten.

Hier griff Fürst Johann Adam Andreas von Liechtenstein zu: Kurzerhand erwarb er 1699 die Herrschaft Schellenberg und 1712 die Grafschaft Vaduz. 1719 erhob Kaiser Karl VI. das Land zum «Reichsfürstentum Liechtenstein», das sich seitdem als Staat inmitten aller europäischen Umwälzungen und Einebnungen selbständig halten konnte, auch wenn es wiederholt existenziell gefährdet war.

Dass Liechtenstein als Staat überleben konnte, ist mehreren günstigen Faktoren zu danken. Erstens ist die geopolitische Situation zu nennen, die Zwischen- und Randlage. Liechtenstein lag zwischen der Eidgenossenschaft und dem habsburgischen Österreich – beide suchten keine Expansion ins Zwischenländchen hinein. Zugleich lag es ganz am Rand des Deutschen Reiches. Aus diesem fiel es nach dem Bruch des Deutschen Bundes 1866 mit Österreich ganz heraus. Für Hitler war dann das Grenzländchen zwischen der Schweiz und Österreich allein zu wenig Beute, es sollte mit der Schweiz zusammen behandelt werden – wozu es dank dem alliierten Sieg nicht kam. Zweitens ist die Stellung der Fürsten anzuführen. Sie waren reich in der Ferne, einflussreich am Kaiserhof, auf gutem Fuss mit Napoleon, geschickt am Wiener Kongress und im Deutschen Bund, aufgeschlossen dem Fortschritt, bedacht auf Erhalt des Hausvermögens, geschickt in der Nutzung hochadeligen Ansehens – bis heute auf das Land zurückwirkend. Drittens zeigte und bewahrte die liechtensteinische Bevölkerung durch alle Jahrhunderte einen ausgeprägten Eigen- und Beharrungswillen. Nie wollte man Land und Eigenstand aufgeben. Viertens war und ist die nachbarschaftliche Partnerschaft überlebensnotwendig. Von 1852 bis 1919 war Liechtenstein durch Zoll- und Steuereinigung wirtschaftlich mit Österreich verbunden. Nach dessen Niederlage und

Im 2003 neu eröffneten Liechtensteinischen Landesmuseum erwacht die Vergangenheit des Fürstentums zum Leben.

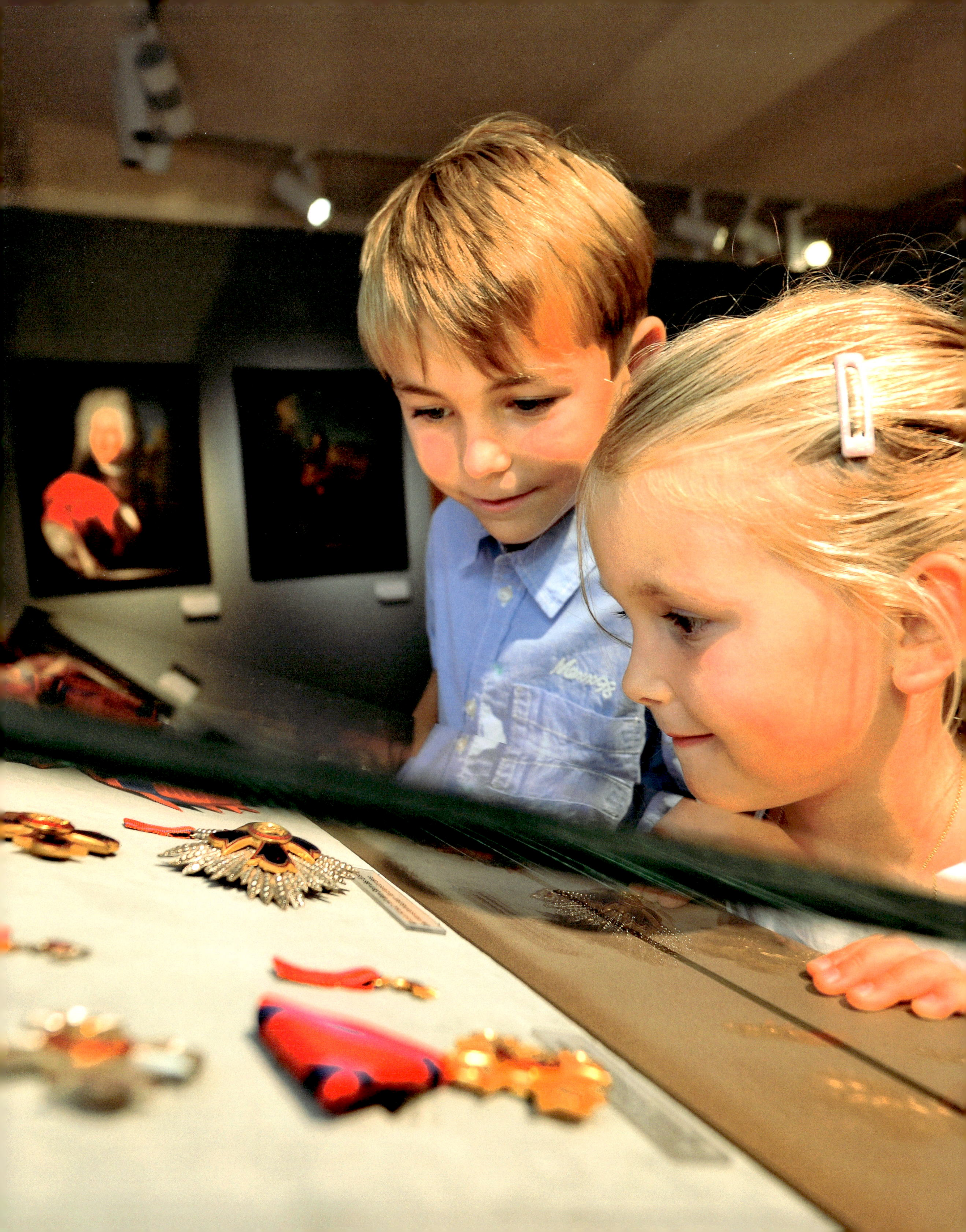

2003 | «Neueröffnung des Liechtensteinischen Landesmuseums», gestaltet von Marianne Siegl.

Zerfall wendete sich Liechtenstein zur republikanischen Schweiz – und deren Franken. Mit der Eidgenossenschaft schloss man Verträge, vorab den Zollanschlussvertrag von 1923. Fünftens schliesslich konnte Liechtenstein seit 1945 vom freundnachbarlichen Umfeld mit wirtschaftlichem Aufschwung und von der zunehmenden Emanzipation auch kleinster Staaten in der Völkergemeinschaft profitieren.

In den vergangenen Jahrhunderten waren Land und Leute mehrfach schwersten Notzeiten ausgesetzt. Wiederholt wütete die Pest, im 17. Jahrhundert auch ein mörderischer Hexenwahn. Kriegsheere brandschatzten im Land, so im Appenzellerkrieg des Spätmittelalters, im Schwabenkrieg 1499, im Dreissigjährigen Krieg des 17. Jahrhunderts, in den Napoleonischen Kriegen vor und nach 1800. Danach aber blieb Liechtenstein seit zweihundert Jahren von Krieg verschont. Der Rhein überflutete sporadisch die Ebene, zuletzt verheerend 1927. Hunger und Arbeitsnot liessen Menschen nach Übersee auswandern. In den 1930er-Jahren drückte die Krise, im Zweiten Weltkrieg die Anschluss- und Kriegsgefahr.

Seit zwei Jahrhunderten erlebte man viele Schritte der Modernisierung und des Wandels. 1848 gab es politische Zugeständnisse, 1862 eine konstitutionelle Verfassung, 1921 die bis heute geltende monarchisch-parlamentarisch-demokratische Verfassung. Das Schulwesen wurde erweitert, ab den 1860er-Jahren gab es eine erste Zeitung. Industrie siedelte sich an, vorerst die klassische Textilindustrie, ab den 1930er-Jahren solche für künstliche Zähne, für Konserven, für Lacke und Farben. Im Zuge des Zweiten Weltkrieges folgte die Metallindustrie, seither kamen Hochtechnologie-Sparten hinzu. Daneben modernisierte sich ein starkes Gewerbe. Für Spar- und Leihbedürfnisse entstand 1861 die erste Bank und seit den 1920er-Jahren entwickelte sich Liechtenstein zu einem kleinen Finanzplatz, attraktiv für auswärtige Sitzgesellschaften und Stiftungen. Schon ab dem Beginn des 20. Jahrhunderts suchten Touristen Erholung in den Alpenkurhäusern. In den 1870er-Jahren wurde die Eisenbahnlinie durch das Land gelegt, von Feldkirch über Schaan nach Buchs. Im selben Jahrzehnt wurde der wild mäandernde Rhein in die Hochdämme gezwungen. In den 1930er- und 1940er-Jahren realisierte man den Binnenkanal, der in der Krisenzeit Arbeit und fortan Schutz vor Versumpfung der fruchtbaren Rheinebene bot. Heute ist Liechtenstein ein ebenso entwickelter wie selbstbewusster Kleinstaat.

Die Überreste der Burg Schellenberg sind eindrucksvolle Zeugen der wechselvollen Geschichte des Gebietes des heutigen Fürstentums.

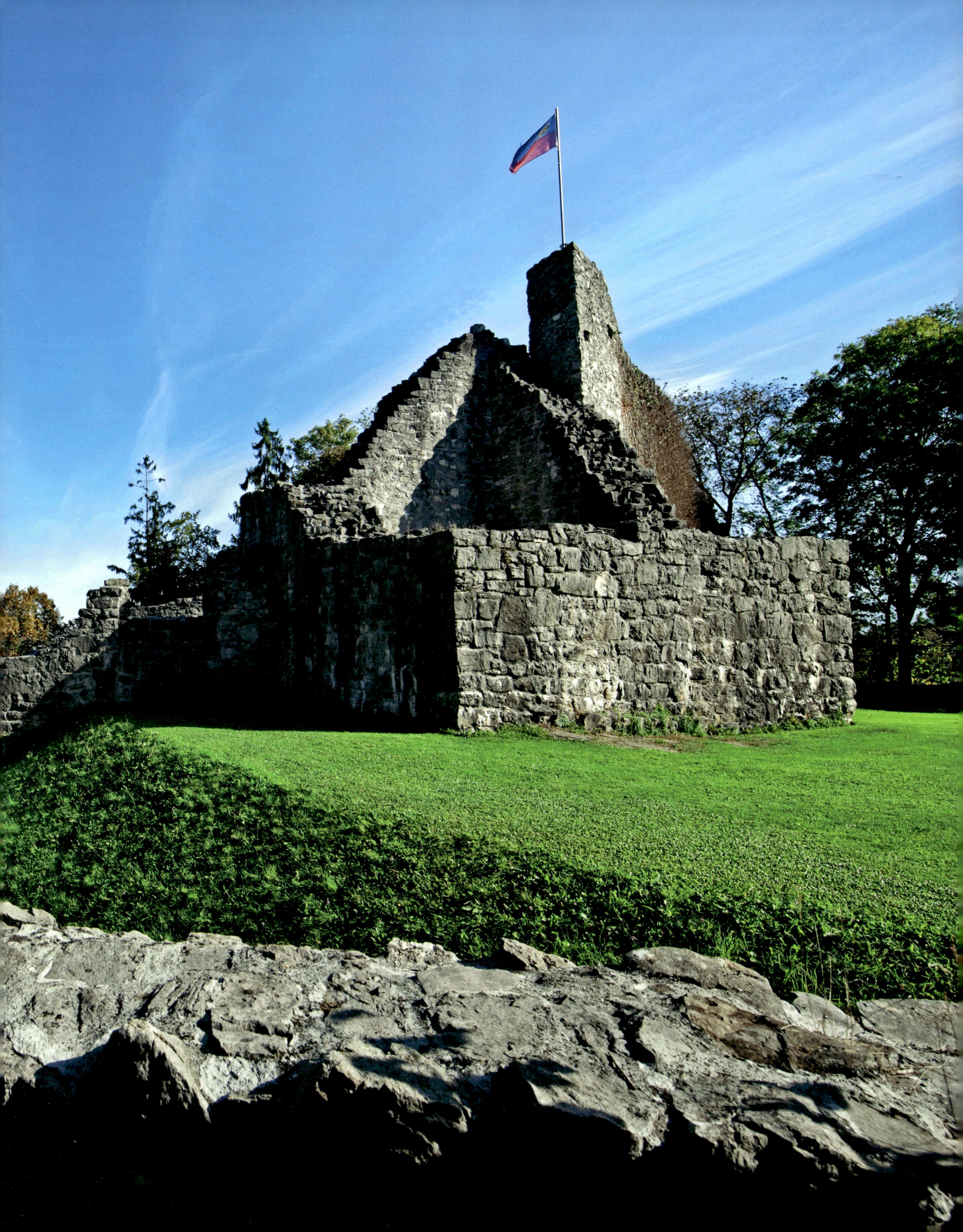

Liechtensteins Wohnkultur des 19. Jahrhunderts wird greifbar beim Gang durch ein Museumshaus in Triesenberg.

Rechts: Seit 1930 wird im Postmuseum die Geschichte des Postwesens und der Liechtensteinischen Philatelie dokumentiert.

1971 | «Eröffnung des Landesmuseums». Archäologische Funde: Eber, Pfau, Metallschüssel. Gestaltet von Louis Jäger.

Druckereien

1804 von Kaiser Franz I. gegründet, druckte die Österreichische Staatsdruckerei 1850 die erste österreichische Briefmarkenausgabe. Als die Druckerei 1912 die ersten liechtensteinischen Briefmarken drucken konnte, hatte sie sich bereits einen herausragenden Ruf erworben.

Die Druckerei Courvoisier in Biel kann ebenfalls auf eine mehr als 200-jährige Tradition im grafischen Gewerbe zurückblicken. Courvoisier erarbeitete sich weltweit einen Namen für ihre präzisen Drucke, so dass mit der Zeit über 100 Postverwaltungen, darunter diejenige Liechtensteins, bei Courvoisier Briefmarken drucken liessen.

2009 wurden erstmals Briefmarken in Liechtenstein gedruckt. Die Gutenberg AG in Schaan hatte in Zusammenarbeit mit der Philatelie Liechtenstein die Herstellung selbstklebender Briefmarken mit echter Perforation entwickelt. Mit diesem Erfolg konnte die Gutenberg AG im Briefmarkendruck sogleich Fuss fassen.

Staatswesen

2006 | 200 Jahre Souveränität. Das Wappen wird erstmals mit allen Elementen und Farben dargestellt. Gestaltet von Georg Malin.

Das Fürstentum Liechtenstein sieht sich als souveräner Kleinstaat mitten in Europa, souverän, weltoffen, gut funktionierend. Die Staatsform des Fürstentums verleiht dem Land mit seiner geringen Fläche und den vergleichsweise wenigen Einwohnern eine gewisse exotische Ausstrahlung. Eingebettet zwischen der Schweiz und Österreich, unterhält Liechtenstein enge Beziehungen zu seinen beiden Nachbarstaaten, ist aber auch international vernetzt durch seine Mitgliedschaft in der UNO und im Europarat, die aktive Teilnahme in der WTO und der OSZE sowie die Zugehörigkeit zum EWR und zur EFTA. Aufgrund des sehr beschränkten Binnenmarktes war die Wirtschaft gezwungen, Kunden und Märkte über die internationale Vernetzung zu erschliessen. Herausgebildet haben sich daraus ein hoch entwickelter, international ausgerichteter Industriesektor und ein Finanzdienstleistungsplatz, der internationale Standards in Qualität, Kompetenz und Sicherheit aufweist.

Die Verfassung umschreibt Liechtenstein als eine «konstitutionelle Erbmonarchie auf demokratischer und parlamentarischer Grundlage». Die Staatsgewalt ist im Fürsten und im Volk verankert. Dem Volk steht das Initiativ- und Referendumsrecht zu: Mit einer Initiative kann ein Gesetz verlangt werden, während mit einem Referendum erreicht wird, dass über ein Gesetz oder einen Finanzbeschluss des Parlaments eine Volksabstimmung durchgeführt werden muss. Seit der Verfassungsänderung 2003 hat das Volk grundsätzlich auch die Möglichkeit, einem missliebigen Fürsten das Misstrauen auszusprechen und das Recht, über die Abschaffung der Monarchie an einer Volksabstimmung zu entscheiden.

Liechtenstein verfügt über ein Parlament mit 25 Abgeordneten, die vom Volk für eine Amtsdauer von vier Jahren gewählt werden. Zu den Hauptaufgaben des Landtags zählen die Gesetzgebung und die Genehmigung der Kreditanträge der Regierung. Zur Gültigkeit eines Gesetzes braucht es ausser der Zustimmung des Landtags auch die Sanktion des Fürsten und die Gegenzeichnung des Regierungschefs. Ausserdem fällt in die Kompetenz des Parlaments die Wahl der Regierungsmitglieder, die auf diesen Vorschlag hin vom Fürsten ernannt werden.

Die Regierung besteht aus einem Regierungschef und vier Regierungsräten. Aus den vier Regierungsmitgliedern wird ein Regierungschef-Stellvertreter gewählt. Die Regierung arbeitet nach dem Kollegialitätsprinzip. Sie ist für die Staatsverwaltung verantwortlich. Alle wichtigen Angelegenheiten unterliegen der Beratung und der Beschlussfassung durch das Regierungskollegium.

Liechtenstein hat elf Gemeinden. Diesen Gemeinden kommt in der Verfassung eine beson-

Im Plenarsaal des Landtagsgebäudes tagen die 25 Abgeordneten des Liechtensteinischen Parlaments.

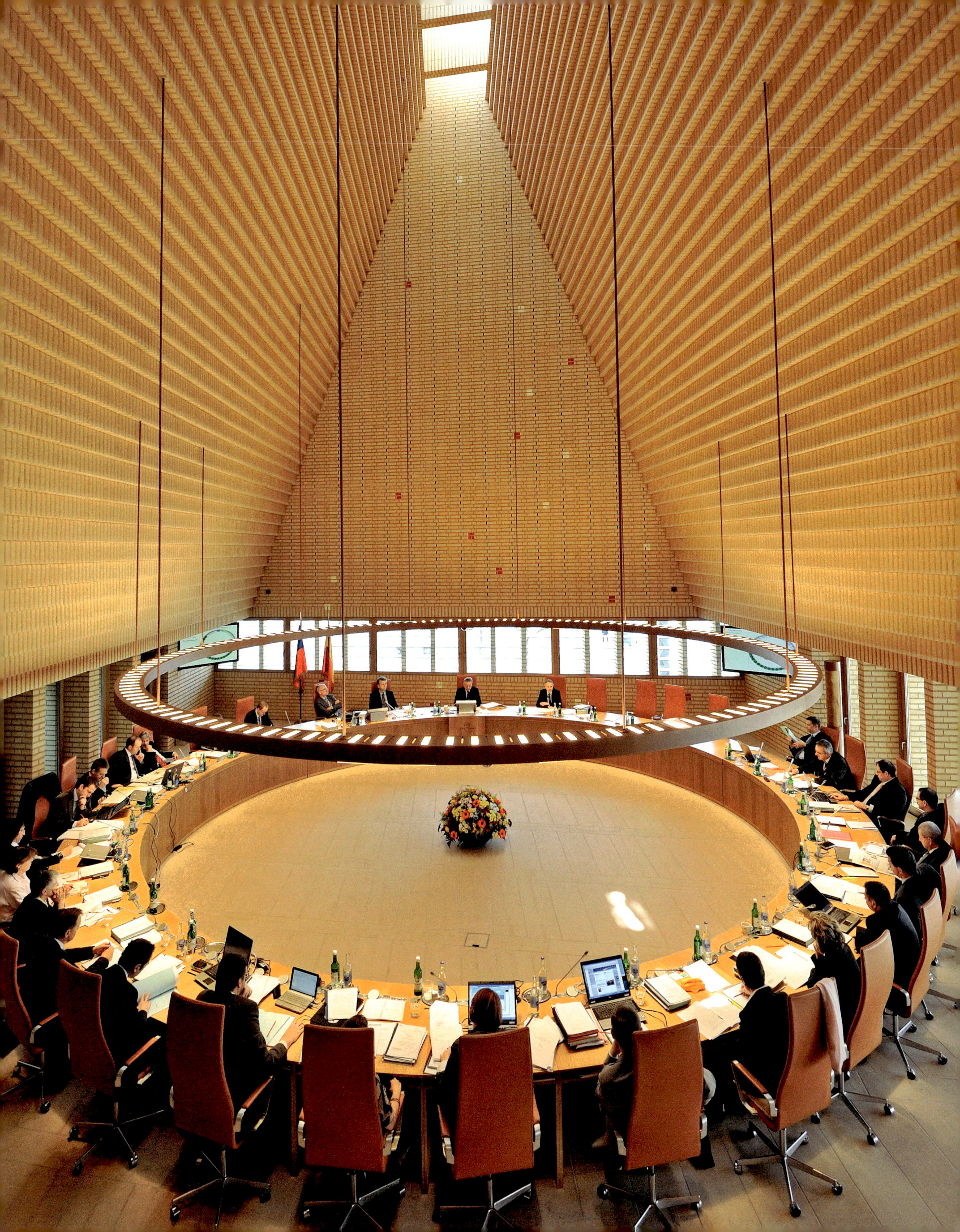

1998 | Gedenkmarke
«75 Jahre Zollvertrag
mit der Schweiz», gestaltet
von Hans Peter Gassner.

dere Rolle zu, denn schon Artikel 1 der Verfassung nennt die zwei Landschaften Oberland und Unterland sowie die Namen aller elf Gemeinden. Die Gemeinden, die aus den früheren landwirtschaftlichen Dorfgenossenschaften hervorgegangen sind, besitzen keine Souveränität wie der Staat. Die Gemeinden haben aber in ihrem eigenen Wirkungskreis eine erhebliche Selbständigkeit in der Erfüllung ihrer Aufgaben. Diese Gemeindeautonomie umfasst Aufgaben wie die Wahl der Gemeindeorgane, die Organisation der Gemeinde, die Verleihung des Bürgerrechts oder die Festlegung von Gemeindeumlagen und Zuschlägen zu den Landessteuern.

Für Liechtenstein, das seit dem Beitritt zum Rheinbund 1806 zu den souveränen Staaten gehört, zählt die Erhaltung der Souveränität zu den wesentlichen Elementen seiner Aussenpolitik. Einem Kleinstaat fehlen Machtmittel zur Durchsetzung seiner Interessen, weshalb der Kleinstaat auf die Beachtung des internationalen Rechts und das solidarische Handeln der Staatenwelt angewiesen ist. Liechtenstein engagiert sich deshalb in der Menschenrechtspolitik, der Weiterentwicklung des Völkerrechts, der Entwicklungszusammenarbeit und der internationalen humanitären Hilfe. In der UNO setzt sich Liechtenstein im Rahmen seiner beschränkten Möglichkeiten auch für die Sicherheitspolitik und die Friedensförderung ein.

Als Vollmitglied der UNO mit einer ständigen Vertretung in New York zeigt Liechtenstein im Verbund der Nationen Flagge.

POLICE DEPARTMENT
CITY OF NEW YORK
POLICE
POLICE DEPARTMENT
CITY OF NEW YORK
NYPD
SPRINKLER & STANDPIPE SIAMESE CONNECTION

Symbole für das politische Liechtenstein: Das moderne Landtags- und das ehrwürdige Regierungsgebäude auf dem Peter-Kaiser-Platz in Vaduz.

2010 | 50 Jahre EFTA, gestaltet von Sabine Bockmühl.

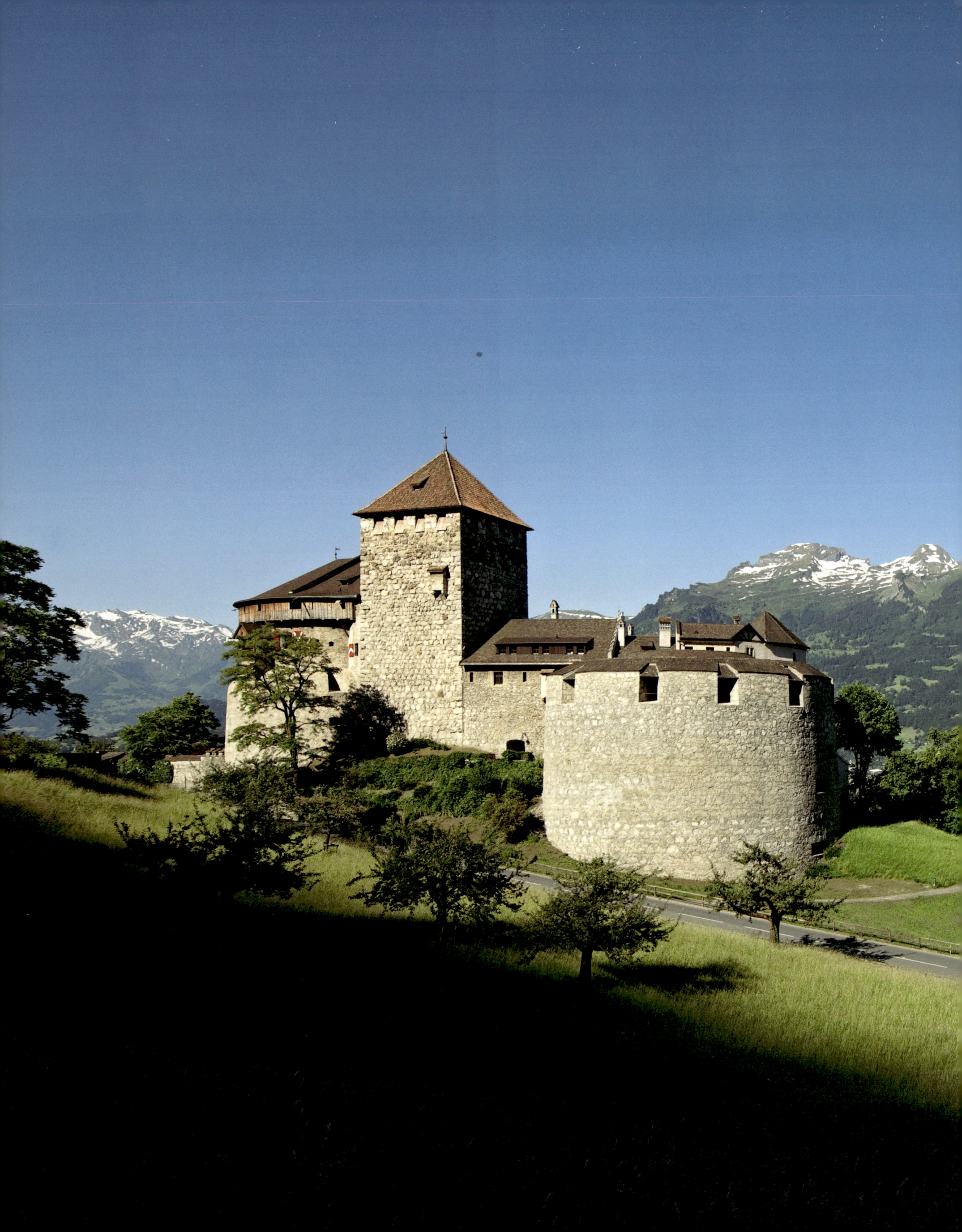

Schloss und
Fürstenhaus

Fürstliches Haus Liechtenstein

Der Name Liechtenstein ist eng mit der europäischen Politik und Geschichte verbunden. Das Haus zählt zu den ältesten und angesehensten Adelsfamilien der Gegenwart. Um 1136 wird mit Hugo von Liechtenstein erstmals ein Träger des Namens der südlich von Wien gelegenen Stammburg erwähnt. Doch es dauerte noch beinahe ein halbes Jahrtausend, bis Karl von Liechtenstein als erstes Mitglied der Familie 1608 die erbliche Fürstenwürde verliehen erhielt. Er schloss mit seinen Brüdern Maximilian und Gundaker 1606 einen Familienvertrag, der unter anderem vorschreibt, dass jeweils der Erstgeborene der ältesten Linie Anrecht auf die erblichen Titel hat und als Regent des Hauses das Geschlecht nach aussen vertritt. Durch die Schaffung eines Familienfideikommisses bilden die so genannten «Erstgeburtsgüter» und die übrigen Familienbesitzungen eine unveräusserliche, unteilbare Masse im Besitz der Brüder und ihrer Nachfahren. Der Familienvertrag und später dazugekommene Bestimmungen wurden 1993 im neuen Hausgesetz zusammengefasst, das die Grundlage für das in Liechtenstein gültige Thronfolgerecht bildet.

Seit der Erlangung der Reichsfürstenwürde war es das Bestreben des Hauses Liechtenstein, ein reichsunmittelbares Territorium zu erwerben. Aber erst dem Enkel von Karl von Liechtenstein, Fürst Johann Adam Andreas I., bot sich schliesslich die Gelegenheit, 1699 die Herrschaft Schellenberg und 1712 die Grafschaft Vaduz zu kaufen. Mit kaiserlichem Diplom vom 23. Januar 1719 wurden diese Gebiete vereinigt und von Kaiser Karl VI. zum Reichsfürstentum Liechtenstein erhoben. Ihr geschicktes politisches Handeln brachte dem Haus, das auch der Kunst und Wissenschaft zugetan war, hohes Ansehen ein. Bis 1938 lebten die Fürsten von Liechtenstein in Wien und Mähren. Sie hatten wichtige Funktionen in Militär und Diplomatie der Habsburger Monarchie inne und verwalteten ihren umfangreichen Besitz in Niederösterreich, Böhmen, Schlesien und Mähren. Die Dynastie verstand es immer wieder, Tradition und Anforderungen einer veränderten Zeit miteinander zu verbinden. Vielleicht ist gerade das die grosse Stärke der Monarchie in Liechtenstein, das seit 1719 offiziell den Namen der Fürstlichen Familie trägt.

Mitte des 19. Jahrhunderts erhielt Liechtenstein sein erstes konstitutionelles Verfassungsgesetz, das 1862 und 1921 mit stärkeren Volksrechten ausgestattet wurde und zur heutigen Staatsform, der «konstitutionellen Erbmonarchie auf demokratischer und parlamentarischer Grundlage», führte. Auch bei der jüngsten Verfassungsreform von 2003 stand die Definition der politischen Ausgewogenheit im Zusammenwirken der beiden Souveräne Fürst und Volk im Vordergrund.

2012 | Jubiläumsmarken «100 Jahre Liechtenstein Briefmarken», ungezähnt aus Sonderblock. Gestaltet von Hans Peter Gassner.

1699 und 1712 legte Fürst Johann Adam Andreas I. mit dem Kauf der beiden Landesteile den Grundstein für die Entstehung Liechtensteins.

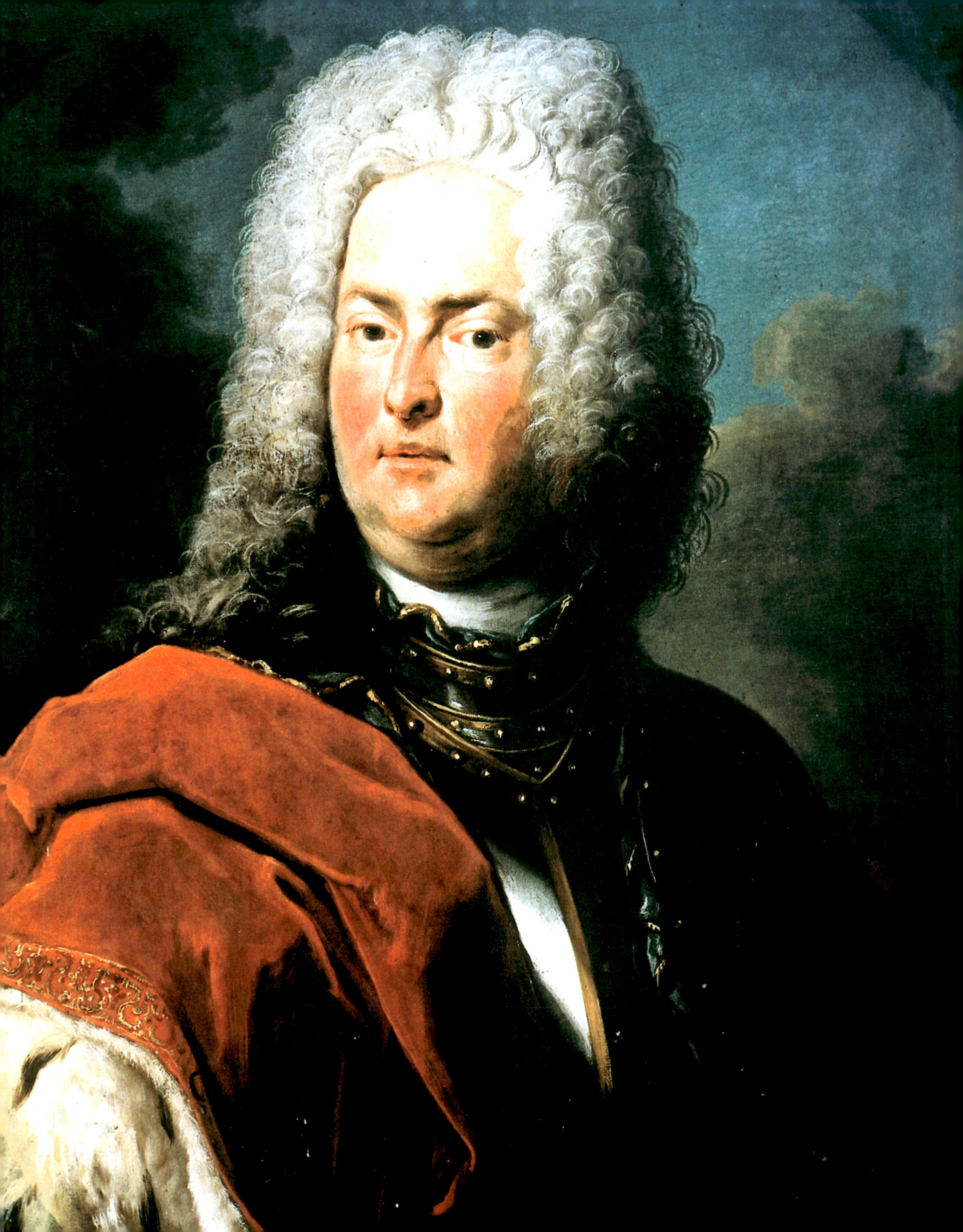

1974 | Fürst Franz Josef II. und Fürstin Gina von und zu Liechtenstein, gestaltet von Karl Gessner.

Oben: Erbprinz Alois und Erbprinzessin Sophie. 2004 hat der Erbprinz die Regierungsgeschäfte als Stellvertreter des Fürsten übernommen.

Rechts: Fürst Hans-Adam II. und Fürstin Marie von und zu Liechtenstein.

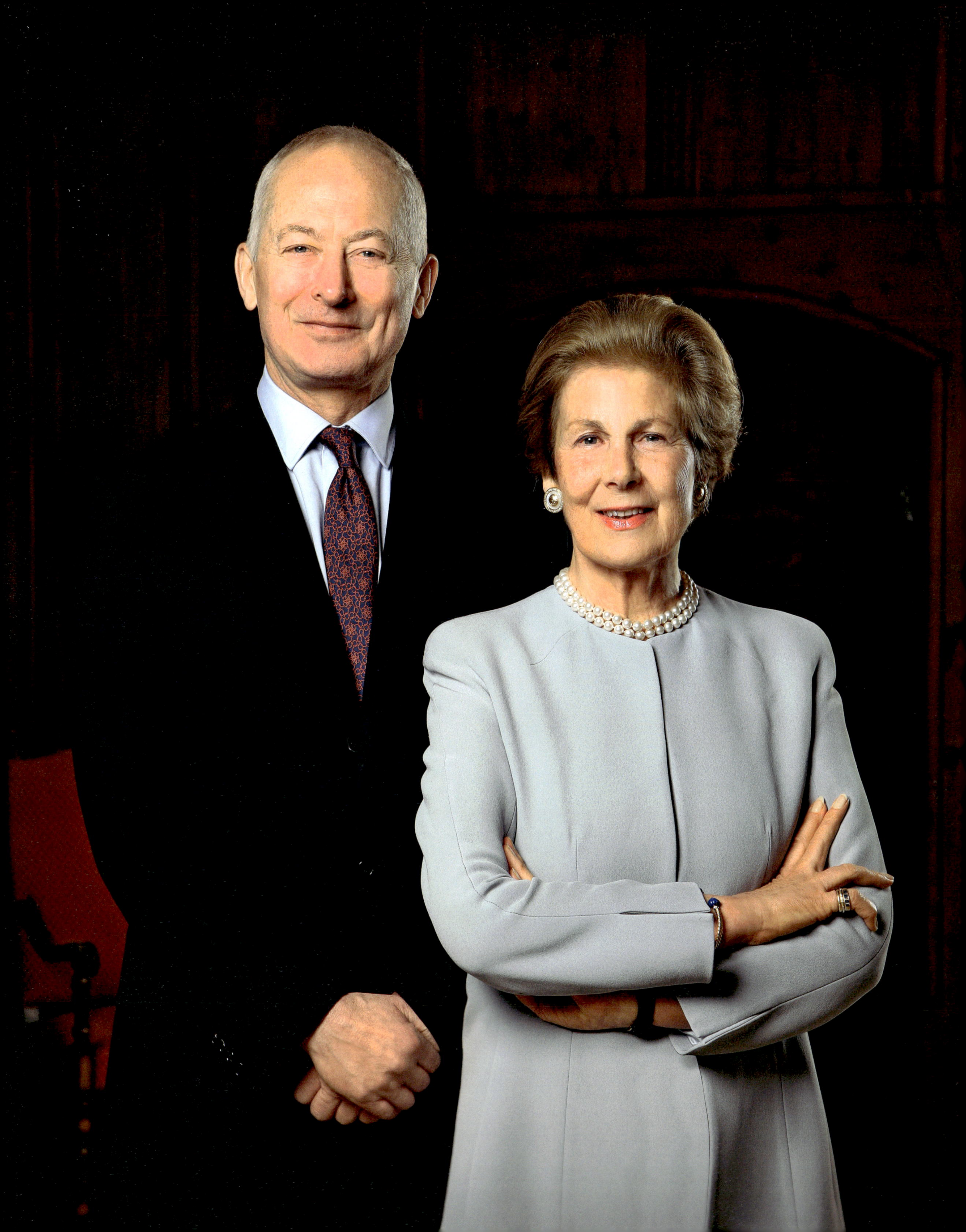

Das Fürstenpaar im Kreise seiner Kinder und Enkelkinder.

Fürstenporträts

Fürstenporträts haben in der Philatelie besondere Bedeutung. Die ersten liechtensteinischen Briefmarken zeigten – wie damals üblich – ein Porträt des regierenden Fürsten. Der Fürst und seine Familie waren in den folgenden Jahrzehnten immer wieder das Motiv für neue Briefmarken. Bis heute dürfen nur Mitglieder der Fürstenfamilie zu Lebzeiten auf Marken abgebildet werden. Bürgerliche können erst nach ihrem Tod mit einer Briefmarke geehrt werden. Die Fürstenporträts auf den Briefmarken haben dazu beigetragen, das Bild des Fürsten als Staatsoberhaupt zu verbreiten und zu festigen.

2011 | «Kinder des Erbprinzenpaares». Zeichnung von Ludmila d´Oultremont. Stahlstich und Gestaltung von Adolf Tuma.

Schloss Vaduz wird Fürstenresidenz

1952 | Schloss Vaduz, gestaltet von Ferdinand Lorber.

Schloss Vaduz, Wahrzeichen Liechtensteins und Sitz der Fürstenfamilie, liegt auf einer nach Westen steil abfallenden Felsterrasse über dem Hauptort Vaduz (575 m.ü.M.). 1322 erstmals urkundlich erwähnt, erzählt es eine wechselvolle Geschichte von den früheren Landesherren, den Grafen von Werdenberg-Sargans zu Vaduz, den Freiherren von Brandis aus dem Emmental, den Grafen von Sulz aus dem badischen Klettgau und den Grafen von Hohenems aus Vorarlberg.

1499 brandschatzten die Eidgenossen im Schwabenkrieg das Schloss. Die Geschichtsforschung sieht die Hintergründe in der Zugehörigkeit der Brandiser zum Schwäbischen Bund und in ihrem Dienstverhältnis zum Haus Habsburg-Österreich. Der Wiederaufbau ist erst unter den späteren Besitzern, den Freiherren von Sulz, anzunehmen. Am 22. Februar 1712 erwarb Fürst Johann Adam Andreas I. von Liechtenstein die Grafschaft Vaduz und damit auch das Schloss aus dem Besitz des verschuldeten Grafen Jakob Hannibal III. von Hohenems. Das historische Gebäude legt Zeugnis ab von unterschiedlichen Nutzungen nach dem Übergang an die damals in Wien residierenden Fürsten von Liechtenstein. Teile des Schlosses dienten während dieser Zeit als Verwaltungsgebäude, Kaserne und Gastwirtschaft. Nachdem im 19. Jahrhundert bereits einzelne Gebäudeteile des sich in schlechtem Zustand befindlichen Schlosses erneuert wurden, liess es Fürst Johann II. von Liechtenstein ab 1904/05 auf- und umbauen. Es diente zunächst als Wohnung für gelegentliche Aufenthalte des Landesfürsten und teilweise als Museum. Die Fürstliche Waffensammlung, zuvor auf verschiedenen liechtensteinischen Schlössern verteilt, wurde auf Schloss Vaduz zusammengeführt. Fürst Franz Josef II. baute die Innenräume aus und nahm 1938 dort seinen Wohnsitz. Seitdem ist Schloss Vaduz ständige Residenz der Fürstlichen Familie.

Heute ist das stilgerecht restaurierte Schloss mit repräsentativen und bezaubernden Innenhöfen und Wohnräumen sowohl Wohnsitz der Fürsten- und Erbprinzenfamilie als auch offizieller Amtssitz des liechtensteinischen Staatsoberhaupts. Staatsgäste, die das Land und die politischen Entscheidungsträger besuchen, werden als Höhepunkt ihres Aufenthalts auf Schloss Vaduz empfangen. Das Schloss ist Inbegriff der liechtensteinischen Staatsform, ein Wahrzeichen Liechtensteins, das am ansteigenden Berghang über Vaduz schon von weitem wahrgenommen wird.

Schloss Vaduz: Wahrzeichen Liechtensteins und Inbegriff seiner Staatsform.

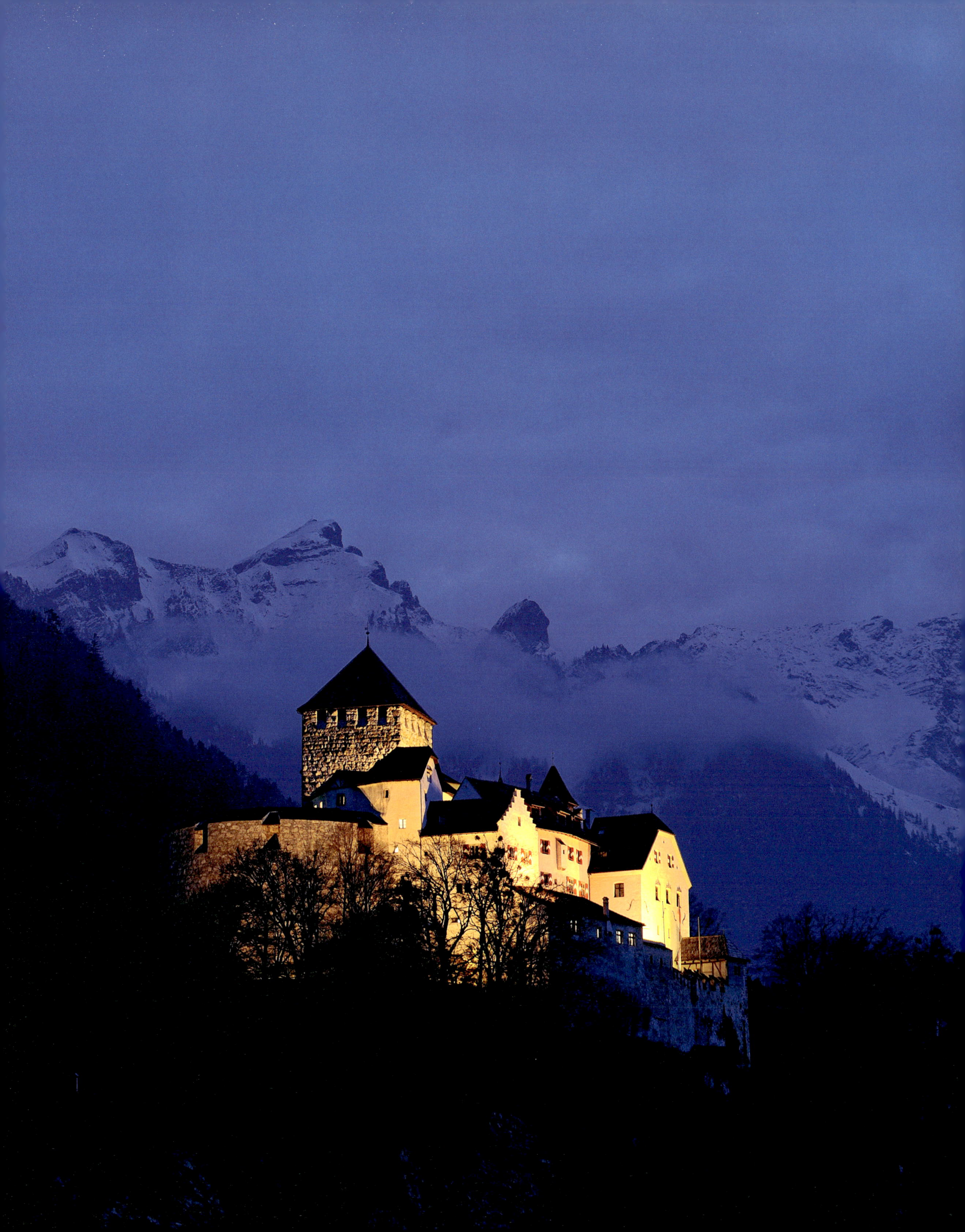

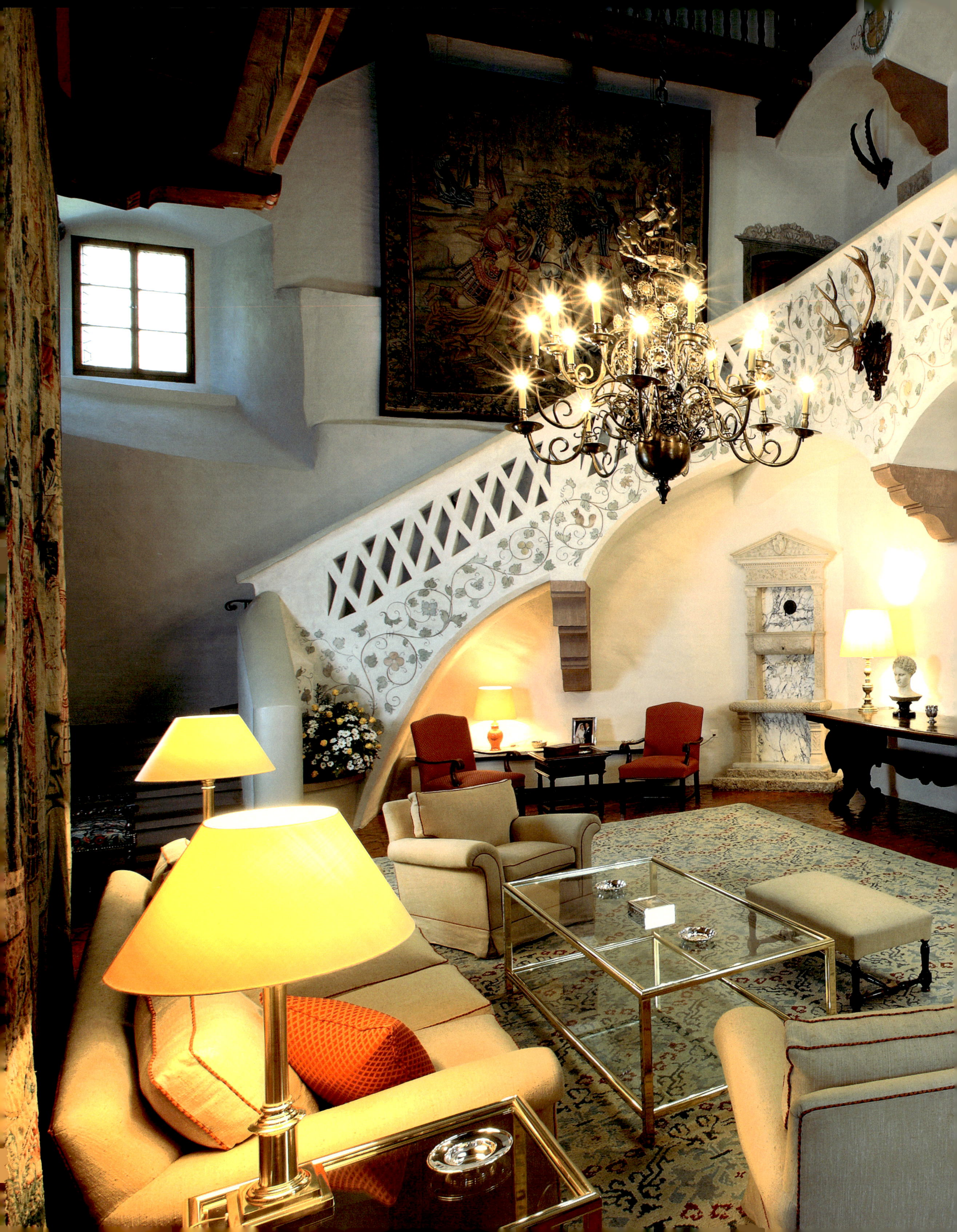

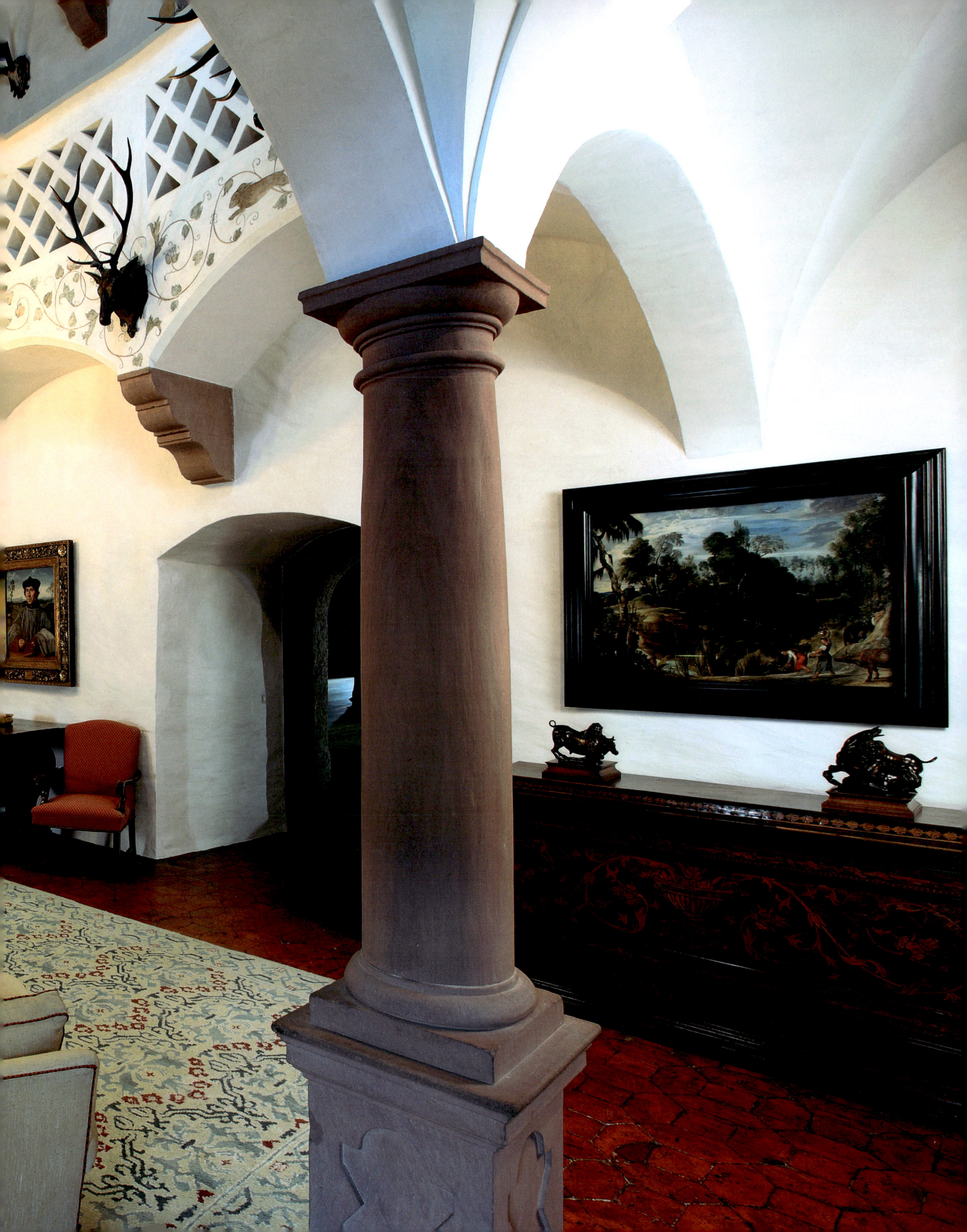

Seit 1938 dient Schloss Vaduz der fürstlichen Familie als ständiger Wohnsitz.

Eugen Verling 1924 entwarf der Vaduzer Künstler Eugen Verling als erster Liechtensteiner eine Serie von Briefmarken. Vier Jahre später gestaltete er die Briefmarken zur Rheinnot und zum Regierungsjubiläum von Fürst Johann II. 1946 schuf er den Block (Postkutschenmotiv) zur 4. Liechtensteinischen Briefmarkenausstellung. Neben Briefmarken gestaltete Verling mehrere Stempel- und Steuermarken.

1928 | Regierungsjubiläum
Fürst Johann II., gestaltet
von Eugen Verling.

Auf einer Anhöhe über dem Rheintal gelegen, strahlt Schloss Vaduz weithin sichtbar seinen erhabenen Glanz aus.

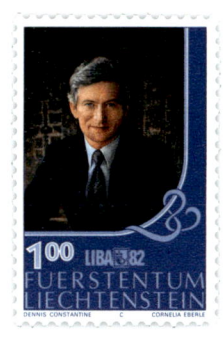

1982 | Erbprinz Hans-Adam,
Erbprinzessin Marie Aglae,
gestaltet von Cornelia Eberle.

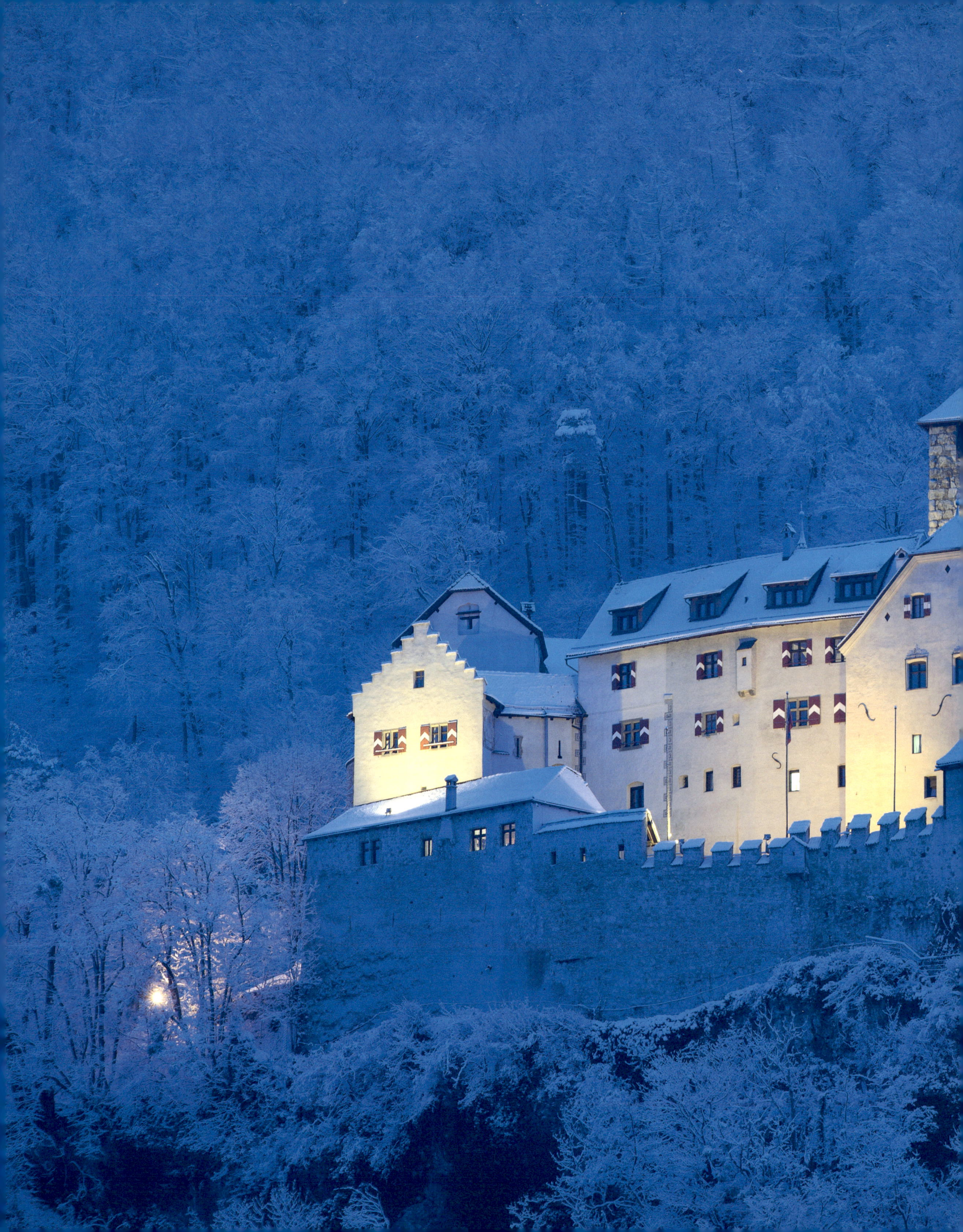

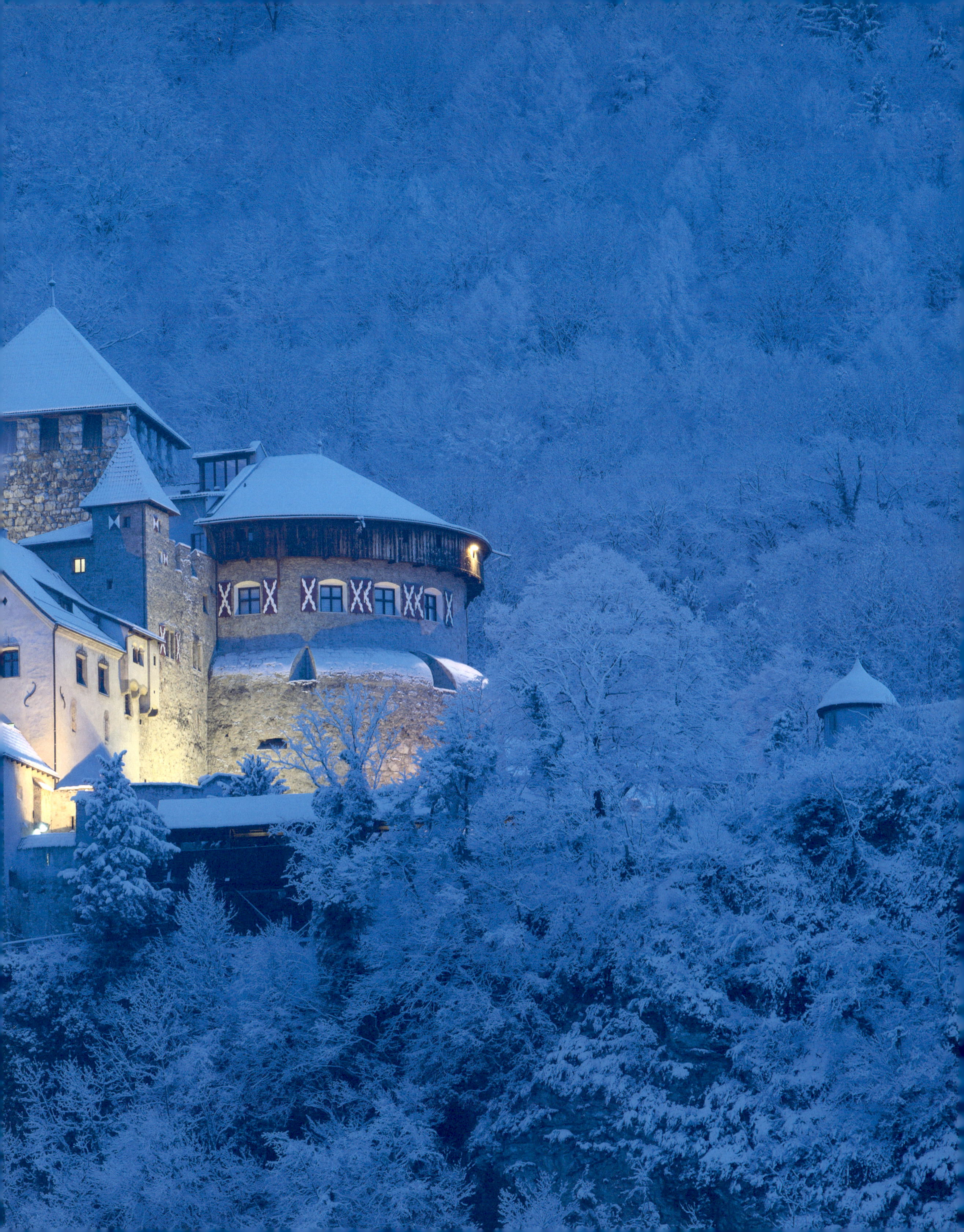

Kunstschätze von Weltrang

1949 | Mädchenbildnis von Rubens. Teil der ersten Briefmarkenserie mit Gemälden aus den Fürstlichen Sammlungen. Gestaltet von Johannes Troyer.

Das Haus Liechtenstein verbindet seit Generationen die Liebe zur Kunst. Als eine der bedeutendsten privaten Kunstsammlungen der Welt umfassen die Fürstlichen Sammlungen Hauptwerke europäischer Künstler aus fünf Jahrhunderten. Schon zu Beginn des 17. Jahrhunderts wurden wichtige Kunstwerke erworben. Wie bei vielen anderen in dieser Zeit entstandenen Sammlungen liegen die Wurzeln massgeblich im barocken Ideal kunstsinnigen fürstlichen Mäzenatentums. Das Haus Liechtenstein hat die Sammlungen bis in die Gegenwart kontinuierlich erweitert und ergänzt.

Der Zweite Weltkrieg bedeutete für die Fürstliche Familie nicht nur den Verlust von jahrhundertealtem Grundbesitz in Böhmen, Mähren und Schlesien. Auch die Kunstsammlungen, die auf Geheiss der Behörden 1945 in einem Salzbergwerk in Österreich eingelagert wurden, gerieten in höchste Gefahr, weil die Stollen vor dem Eintreffen der Alliierten gesprengt werden sollten. Gegen den Widerstand des deutschen Reichsstatthalters Delbrügge in Wien gelang es Fürst Franz Josef II., eine Ausfuhrgenehmigung aus dem Kriegsgebiet zu erwirken. So gelangten die Kunstschätze auf die Insel Reichenau am Bodensee, von wo sie auf verborgenen Pfaden nach Vaduz in die Residenz des Fürsten gebracht wurden.

Mit hochkarätigen Sonderausstellungen zeigt das Kunstmuseum Liechtenstein immer wieder Ausschnitte der Fürstlichen Sammlungen.

Ein Teil der einzigartigen Kunstschätze des Fürstenhauses ist 2004 von Vaduz nach Wien zurückgekehrt. An jenen Ort in der europäischen Kulturhauptstadt, der das historische Ambiente der Fürstlichen Familie und die jahrhundertealte Tradition der Fürsten als Kunstsammler und Mäzene in höchster Vollkommenheit miteinander verbindet – das Gartenpalais in der Wiener Rossau. Dort war die bereits damals als «schönste Privatsammlung der Welt» bekannte Kollektion vom Beginn des 19. Jahrhunderts bis 1938 der Öffentlichkeit zugänglich.

Die im Gartenpalais Liechtenstein – auf Voranmeldung in Gruppenführungen – gezeigten Ausschnitte aus den Fürstlichen Sammlungen mit auserlesenen Prunkstücken faszinieren und begeistern Kunstfreunde aus allen Teilen der Erde. Was seit dem 17. Jahrhundert an erlesenen Kostbarkeiten mit grossem Kunstsinn in die Sammlung aufgenommen wurde, präsentiert sich in der Wiener Ausstellung nach der Idee des klassischen Musentempels als Ensemble. Malerei, Skulpturen, Kunstkammerobjekte und Möbel bilden eine effektvolle Einheit, in der sich die Atmosphäre der barocken Sommerresidenz der Fürstlichen Familie spiegelt.

Seit Generationen betätigt sich das Haus Liechtenstein als Kunstsammler.

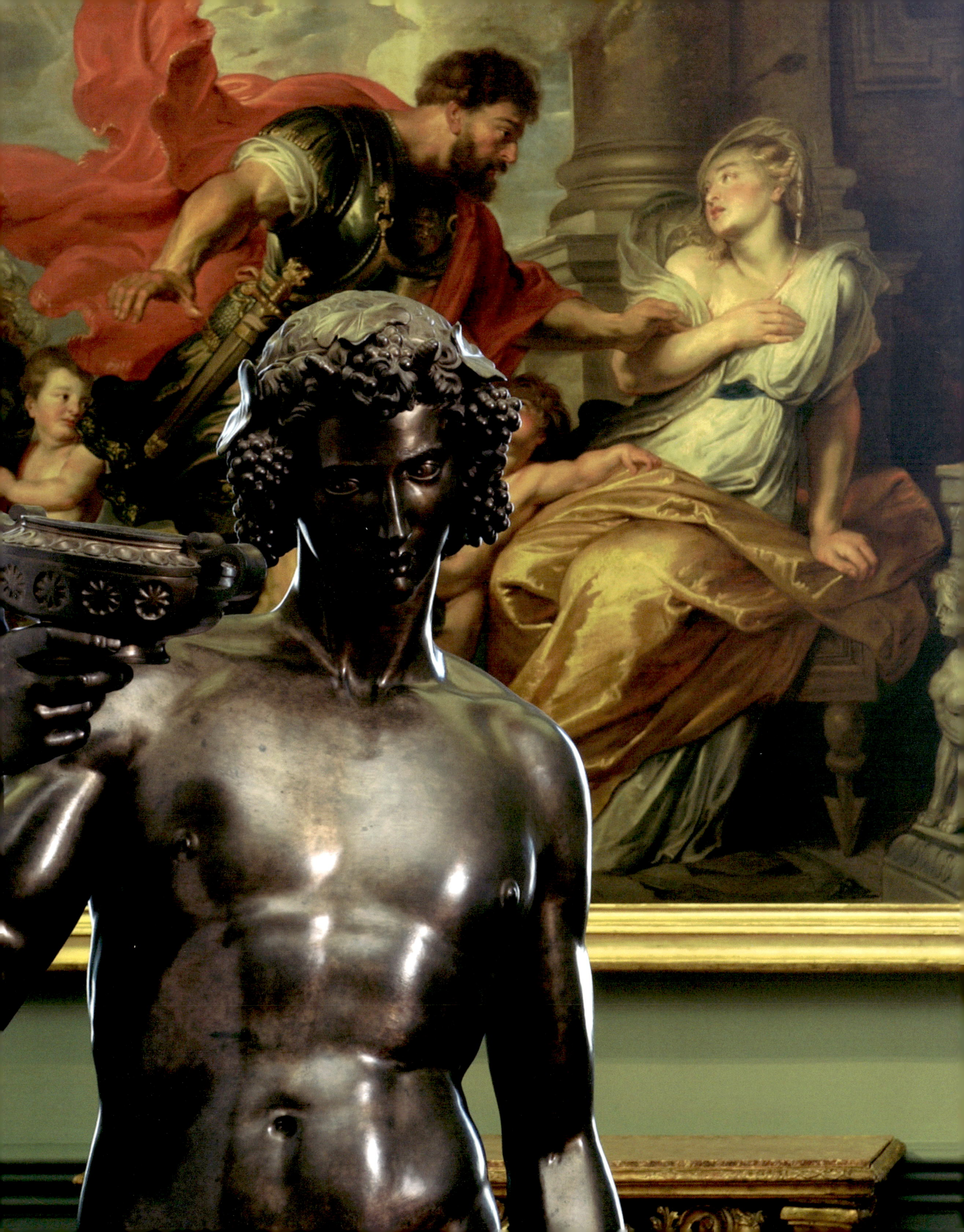

Das Liechtenstein Museum in Wien beherbergt zahlreiche Schätze aus den Fürstlichen Sammlungen, darunter auch den Goldenen Wagen des Fürsten Joseph Wenzel I. aus dem Jahr 1738.

1974 | Europa-Marken mit Skulpturen aus den Fürstlichen Sammlungen. Gestaltet von Walter Wachter.

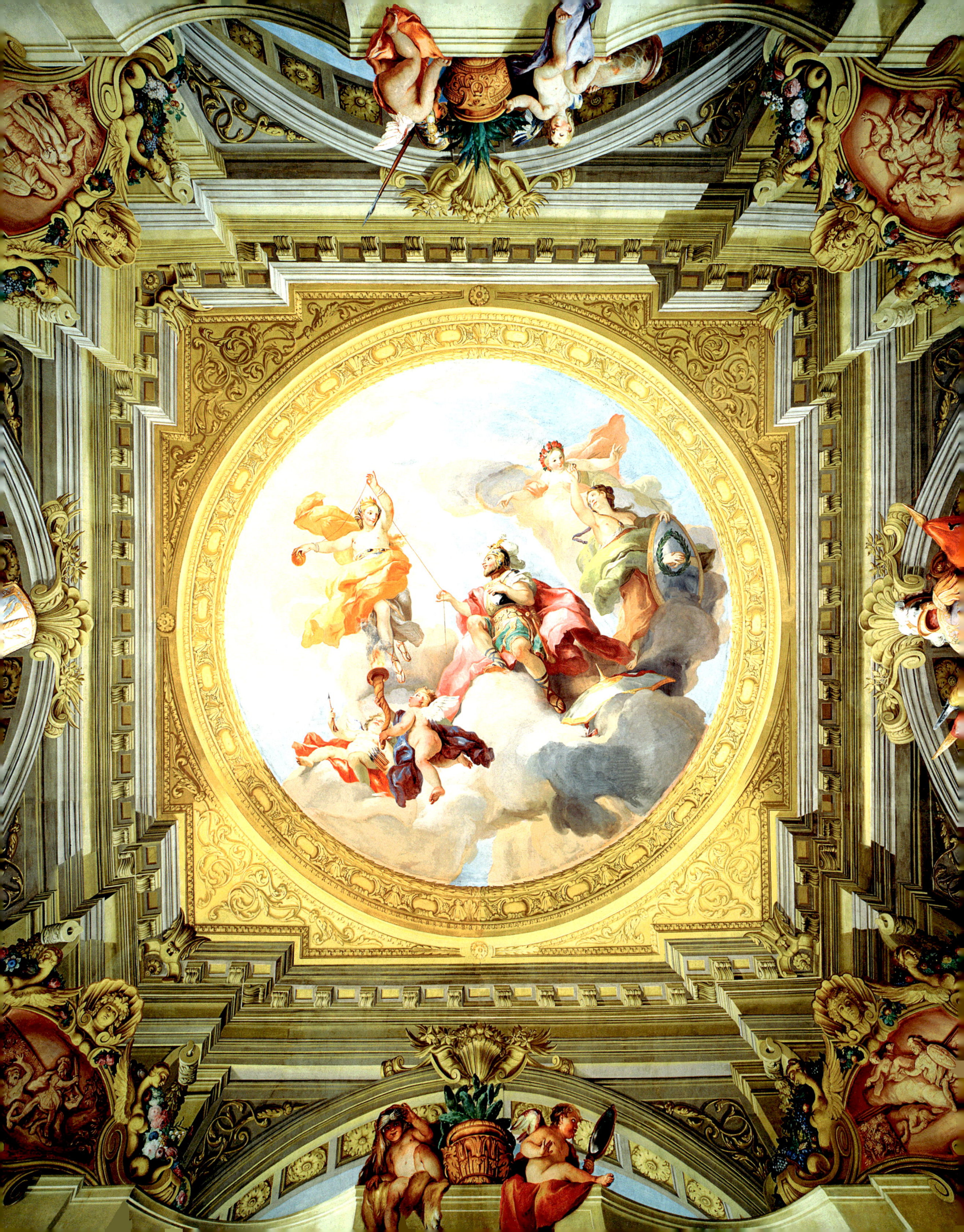

Staatsfeiertag

1998 | Staatsfeiertag, gestaltet von Evelyne Bermann.

Das Datum des Staats- oder Nationalfeiertags hat für jedes Land eine eigene Bedeutung, die eng mit der Geschichte und staatlichen Identität verwurzelt ist. Seit 1940, als die Regierung den 15. August zum Staatsfeiertag erklärte, begeht Liechtenstein die Feierlichkeiten an diesem Tag. Die Datumswahl nimmt nicht Bezug auf ein historisches Ereignis. Sie symbolisiert aber ein Bekenntnis zur Monarchie und ist Ausdruck von liechtensteinischem Pragmatismus. Denn für den 15. August sprachen zwei Überlegungen: Einerseits war dieser Tag mit dem Fest Maria Himmelfahrt bereits ein Feiertag und andererseits feierte der damalige Fürst Franz Josef II., der 1938 den ständigen Wohnsitz nach Vaduz verlegte, am 16. August seinen Geburtstag. Fürstengeburtstag und Feiertag wurden zusammengelegt und der liechtensteinische Staatsfeiertag, das «Fürstenfest» wie es im Volksmund heisst, war geboren. Nach dem Tod von Fürst Franz Josef II. wurde der 15. August beibehalten und mit Gesetz vom 27. Juni 1990 zum offiziellen Staatsfeiertag erhoben. Die Feierlichkeiten sollen nach dem Wortlaut des Gesetzes die Besinnung auf die staatlichen Grundwerte fördern und das Bewusstsein der Zusammengehörigkeit stärken.

Der offizielle Staatsakt findet seit 1990 auf der Schlosswiese unterhalb von Schloss Vaduz statt, am gleichen Ort, wo 1939 unter der Bedrohung durch den Nationalsozialismus das Volk die Huldigung für Fürst Franz Josef II. darbrachte. Auf der Schlosswiese nahm auch Fürst Hans-Adam II. 1990 die Huldigung des Volkes entgegen. Das traditionelle Programm der Feierlichkeiten beginnt mit der Ansprache S.D. Erbprinz Alois von und zu Liechtenstein, der 2004 die Regierungsgeschäfte als Stellvertreter des Fürsten übernommen hat, und der Rede des Landtagspräsidenten als höchstem Volksvertreter. Nach dem Singen der Landeshymne gibt die Fürstliche Familie im Schlossgarten einen Apéro und im Vaduzer Städtle beginnt das grosse Volksfest mit einem fulminanten Feuerwerk, das von Höhenfeuern auf den Bergspitzen und der traditionellen Feuerkrone auf Tuass angekündigt wird. Die Feuerschrift «Für Gott, Fürst und Vaterland» an der Schlossfassade erinnert an die gefahrenvolle Zeit während des Zweiten Weltkriegs.

Die am Staatsfeiertag und bei anderen offiziellen Anlässen gesungene Landeshymne beginnt mit den Worten «Oben am jungen Rhein, lehnet sich Liechtenstein…». Der ursprüngliche Text zur Melodie der Hymne, die mit leichten Abweichungen wie die englische Nationalhymne erklingt, stammt von Jakob Josef Jauch, einem Schweizer, der von 1852–1856 als Kaplan in der Gemeinde Balzers wirkte.

Fulminantes Schauspiel vor grossartiger Kulisse: Das Feuerwerk zum Staatsfeiertag.

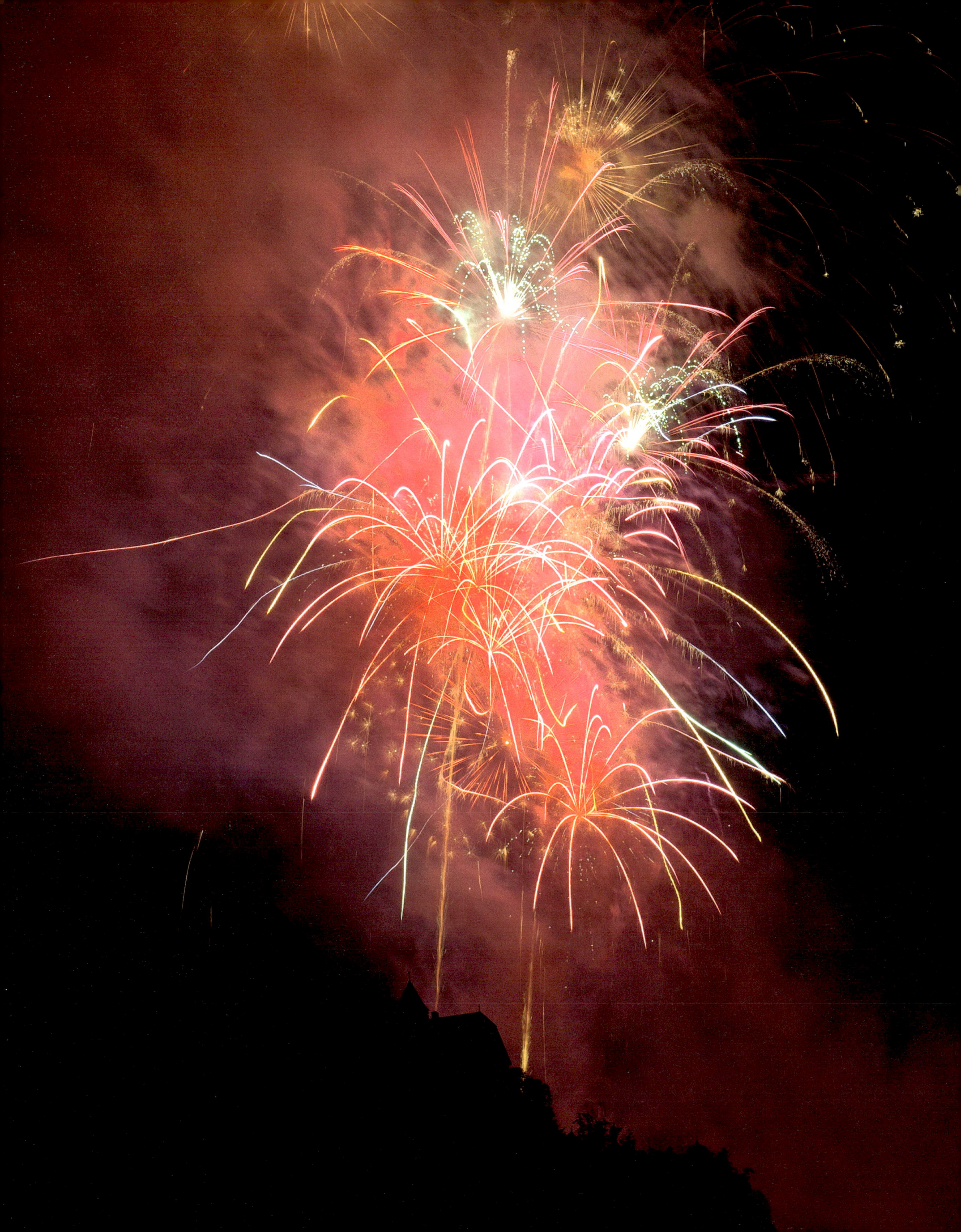

Eugen Zotow Der ukrainische Maler, Zeichner, Grafiker, Fotograf und Philosoph Eugen Zotow emigrierte 1919 mit seiner Familie nach Deutschland, danach nach Liechtenstein, wo er von 1938 bis 1953 lebte und wirkte. Bekannt vor allem als Maler, erwies er sich in der Herstellung von Briefmarken als hervorragender Grafiker und Stecher. 1939 konnte er als erste Briefmarken die Ausgabe zur Huldigung gestalten. Im Jahr 1942 stach er die Marke «Madonna von Dux» mit dem Frankaturwert von 10 Franken sowie eine Reihe historischer Motive. Bemerkenswert sind auch seine Briefmarken zum Kanalbau im Jahr 1943.

Höhenfeuer auf den Bergspitzen und eine Feuerkrone auf Tuass kündigen das grosse Feuerwerk an.

1939 | «Huldigung», die erste Briefmarken-Serie von Eugen Zotow.

Flanieren, Leute treffen, feiern – so begehen die Liechtensteiner ihren Staatsfeiertag im Vaduzer Städtle.

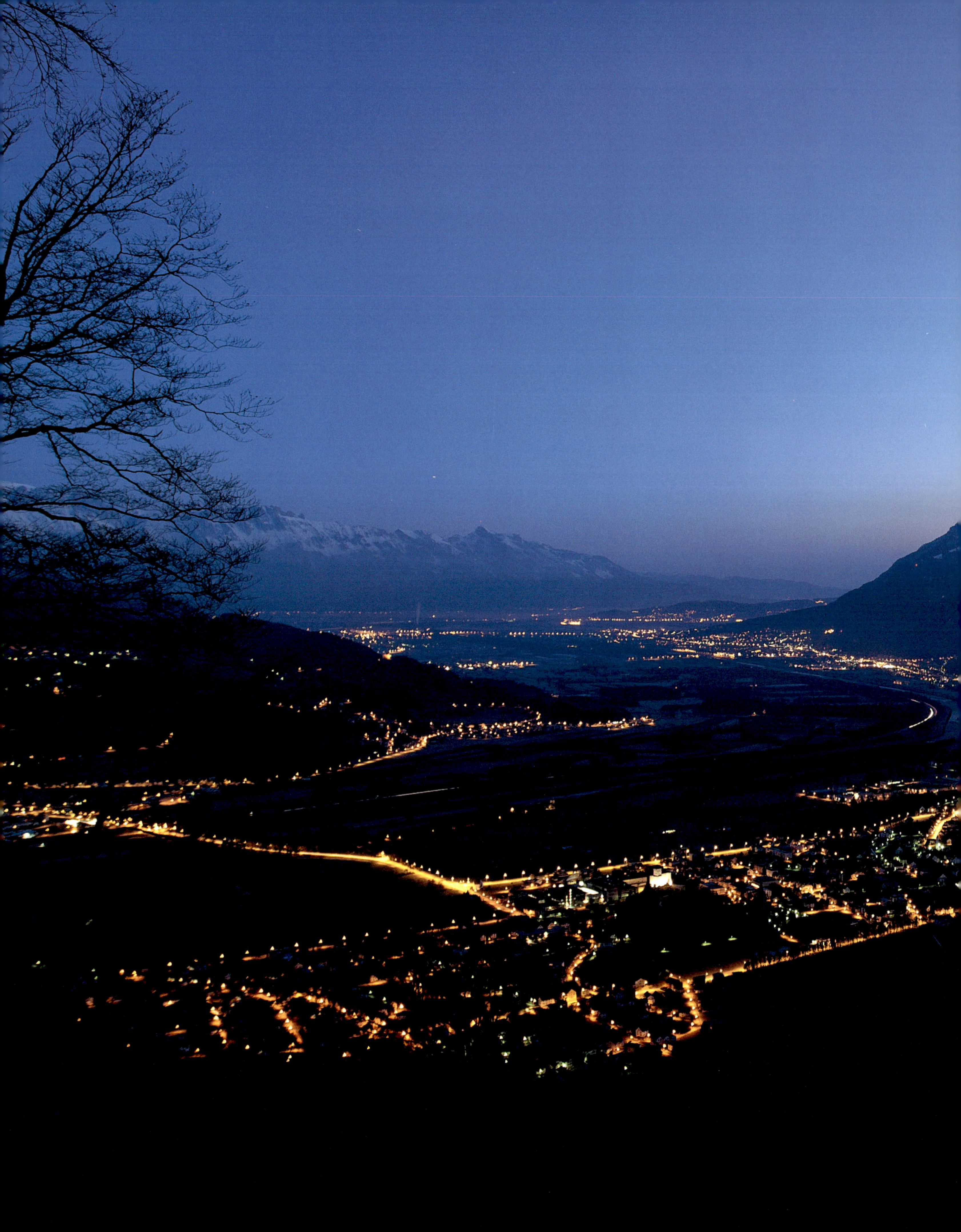

Streifzug durch
die Gemeinden

Vaduz

1930 | Winzerin, eine Marke aus der berühmten Serie von Hermann Kosel.

Gäste aus aller Welt besuchen Vaduz, den Hauptort des Kleinstaates Liechtenstein. Obschon bei einer Einwohnerzahl von knapp 5500 Menschen natürlich nicht von einer Hauptstadt gesprochen werden kann, bietet Vaduz alles, was sowohl die Gäste als auch die einheimische Bevölkerung von einer modernen Kapitale erwarten dürfen.

Seit Jahrzehnten schon befindet sich der Ort in stetem Wandel und dennoch hat er mitten in der geschäftigen Betriebsamkeit etwas, das sich nicht verändert und daher überrascht. Vaduz verfügt über eine so genannte Rebzone, die für den Weinbau reserviert ist und auf der demzufolge weder Bürokomplexe und Geschäfte noch Privathäuser oder Hotels und Restaurants gebaut werden dürfen. Erstaunlich für einen Ort, in dem Bauland so kostbares und teures Gut ist. Dass hier anstelle von Beton und Glas eben Weinstöcke und Trauben das Bild prägen, ist mit ein Grund für den besonderen Charme und Reiz von Vaduz.

Anders im Städtle, dem Zentrum des Hauptortes. Hier präsentiert sich Vaduz als mondäne europäische City mit autofreier Flaniermeile, mit einem Kunstmuseum von internationaler Bekanntheit, mit dem Landesmuseum und mit allen erdenklichen Angeboten des Konsumlebens des 21. Jahrhunderts. Just über diesem modernen, sich ständig anpassenden Ortskern thront auf einer jäh aufsteigenden Felswand Schloss Vaduz, die Residenz des regierenden Landesfürsten. Am Fuss der Felswand haben die Landesbehörden ihren Sitz, ebenso wie die Regierung und das Parlament.

Nördlich vom Städtle, wo das Gelände ansteigt, treffen die zwei Vaduzer Welten aufeinander. Fast nahtlos geht es von der City in den alten Dorfteil über, dort wo sich die Rebzone befindet und wo Vaduz plötzlich wie ein mittelalterliches Winzerdorf daherkommt. Das markante Rote Haus, liebevoll sanierte Wohnhäuser und Weinberge, die von altem Gemäuer umgeben sind, bilden die Kulisse. Nur wenige Schritte sind nötig, um diesen Zeitsprung zu vollziehen.

Da der Platz im Zentrum und neben der Rebzone knapp ist, hat sich das moderne Vaduz seine Entfaltungsmöglichkeiten auch rund herum gesucht. Architektonisch zum Teil bemerkenswerte Geschäftshäuser und öffentliche Bauten prägen das Ortsbild. Repräsentative Bank- und Dienstleistungszentren, die deutlich zeigen, dass sich hier ein gut aufgestellter Finanz- und Wirtschaftsplatz befindet, der sehr um sein Renommee bemüht ist, runden es ab. Als Heimat des Liechtensteinischen Gymnasiums und der Universität Liechtenstein ist Vaduz zudem markant als hervorragender Bildungsplatz positioniert.

Vaduz ist Hauptort Liechtensteins sowie Sitz von Parlament, Regierung und Fürstenhaus.

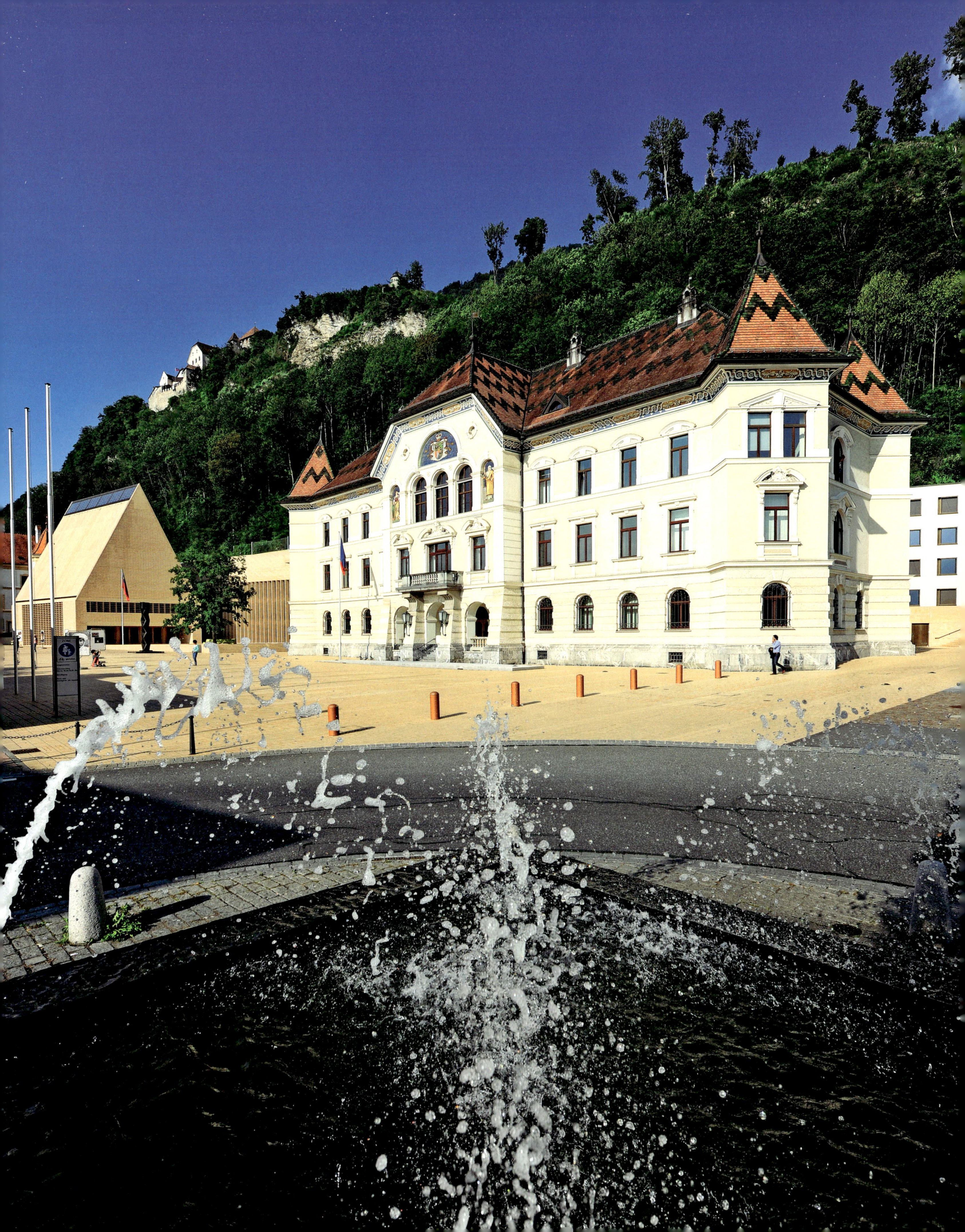

Während des ganzen Jahres finden in Vaduz unterschiedlichste Anlässe statt. Von Ausstellungen über Konzerte bis hin zu Open-Air-Veranstaltungen steht alles auf dem Programm. Auf dem Rathausplatz, im Vaduzer Saal, in den Museen und Galerien ist zu sehen und zu hören, was Gesellschaft und Kultur national, regional und international zu bieten haben. Sogar Fussball-Weltmeister beehren Vaduz und sein schmuckes, direkt am Rhein gelegenes Stadion, wenn Liechtensteins Nationalmannschaft sich im sportlichen Wettbewerb misst.

Es sind solche und ähnliche Eindrücke, die die Gäste aus Nah und Fern nach einem Besuch in Vaduz mit nach Hause nehmen. Beinahe vergessen geht dabei, dass die Gemeinde Vaduz über ganz besonders attraktive Wohnlagen und ausserhalb ihres Siedlungsgebiets auch über ausgedehnte Naturflächen verfügt, die in früheren Zeiten die Existenzgrundlagen der gesamten bäuerlichen Bevölkerung gebildet haben. Zwischen dem Rhein und der Ortschaft gelegen, bilden sie Naherholungs- und Landwirtschaftsräume, die wiederum dazu beitragen, Vaduz seinen ländlich-städtischen Charme zu verleihen.

Das Vaduzer Städtle wird von zahlreichen Besuchern aus aller Welt belebt.

Vaduz-Block 1934 fand im Rahmen der Liechtensteinischen Landesausstellung die erste Liechtensteinische Briefmarkenausstellung statt. Aus diesem Anlass wurde eine Briefmarke mit der für die damalige Zeit hohen Wertstufe von 5 Franken ausgegeben. Die Marke zeigt das Landeswappen in rotbrauner Farbe, wurde aber als «Vaduz-Block» bekannt. Bis heute gilt der Vaduz-Block unter Sammlern als Schlüsselmarke.

1934 | Vaduz-Block, gestaltet von Rudolf Junk.

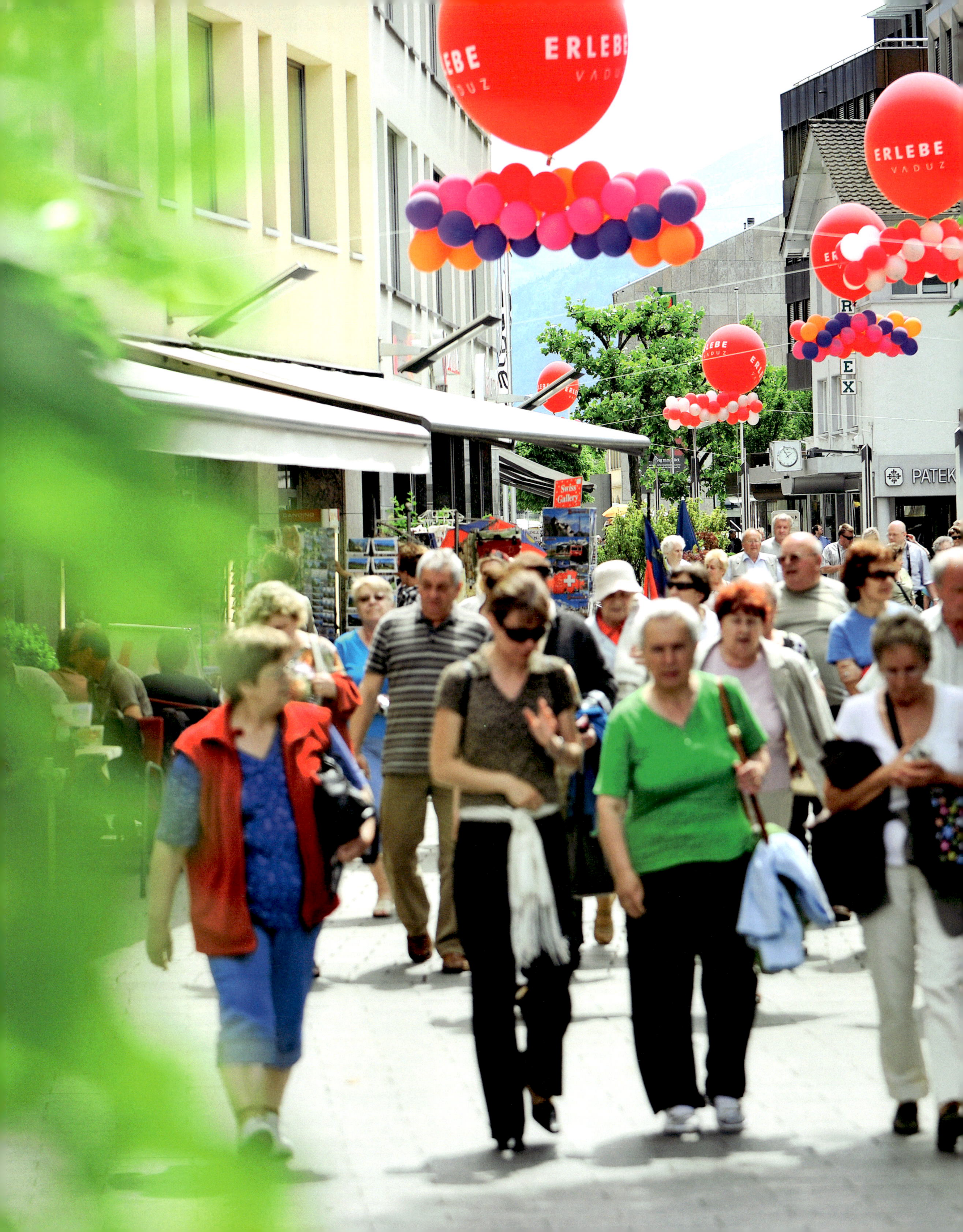
ERLEBE
VADUZ
ERLEBE
VADUZ
Swiss Gallery
PATEK

Das «Rote Haus» und der
Abtswingert im Vaduzer
Oberdorf.

1982 | Vaduz um 1860.
Gestaltet von Hans Peter
Gassner nach einem
Bild von Moritz Menzinger.

Mitten im ansonsten so mondänen Vaduz befindet sich die für den Weinbau reservierte Rebzone.

Auch die Hofkellerei des Fürsten von Liechtenstein liegt am Rande eines Weinbergs und in unmittelbarer Nähe zum Zentrum von Vaduz.

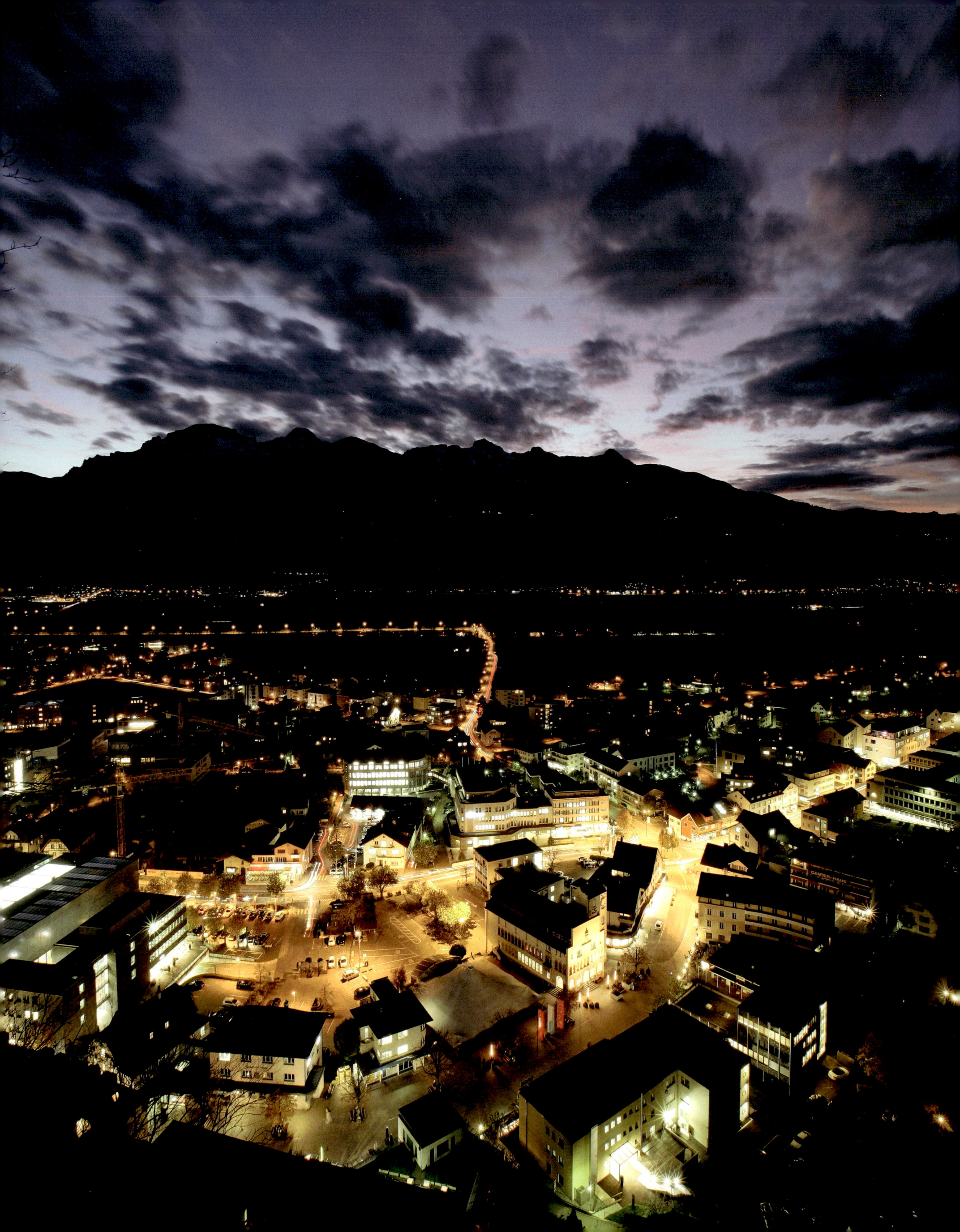

1931 | «Zeppelin über
Liechtenstein», gestaltet
von Hermann Kosel.

Flugpost

1930 landete in Schaan zum ersten Mal ein Postflugzeug aus St. Gallen und das Luftschiff «Graf Zeppelin» warf zum ersten Mal Post über Liechtenstein ab. Entsprechend entstanden im gleichen Jahr auch die ersten Flugpostmarken. Die Marken zeigen Flugzeuge über dem Rheintal, mit Schloss Vaduz im Hintergrund. Anlässlich der ersten Zeppelinlandung im Jahr darauf entstanden entsprechend auch Zeppelinbriefmarken.

Abendstimmung im
Vaduzer Städtle und rund
um das Rathaus.

Triesenberg

1930 | Malbun, aus der Serie von Hermann Kosel.

Auf einer Sonnenterrasse hoch über dem Rheintal liegt die Walsergemeinde Triesenberg. Das Gemeindegebiet wurde um das Jahr 1280 von Einwanderern aus dem Wallis besiedelt und trägt noch heute unverkennbare Spuren des Walser Volkstums. Auffälligstes Merkmal ist der Walser-Dialekt, der sich markant von den anderen Dialekten in Liechtenstein abhebt und von den Einheimischen noch ganz selbstverständlich in allen Lebenslagen gesprochen wird.

Triesenberg ist die höchstgelegene und flächenmässig grösste Gemeinde im Fürstentum. Zu ihren Besonderheiten gehört die abwechslungsreiche Landschaft mit den verstreuten Weilern, den rheintalseitigen Wohngebieten rund um den Dorfkern sowie den abgeschiedenen Höhenlagen Masescha, Silum und Gaflei. Hinter dem Kulm, der das Liechtensteiner Rheintal vom Alpengebiet abgrenzt, befinden sich die beiden beliebten Feriensiedlungen Malbun und Steg. Sie bieten zahlreiche Möglichkeiten, die reizvolle Bergwelt sowohl im Sommer als auch im Winter zu erleben.

Augenfällig ist die Triesenberger Kulturlandschaft, die in ihrer Art einmalig ist. Durch mühsame Rodungen haben die Walser Vorfahren der Natur landwirtschaftliche Nutzflächen abgerungen und dabei die Landschaft in besonderer Weise geformt. Auch die zahlreichen Magerheuhütten, die heute noch im ganzen Gemeindegebiet anzutreffen sind, prägen das Landschaftsbild und erinnern an die Zeit, als die Bauern noch von Stall zu Stall zogen, um das Heu an ihre Tiere zu verfüttern. Die intakte Natur in ihrer alpinen Vielfalt bewegt und begeistert in Triesenberg im wechselnden Ausdruck der Jahreszeiten immer wieder neu. Auf 700 bis 2000 m.ü.M. lässt sie sich besonders gut an den unzähligen atemberaubenden Aussichtspunkten geniessen.

Eine Kirche und drei Bergkapellen zeugen von der tiefen Verwurzelung des christlichen Glaubens am Triesenberg. Erster religiöser Mittelpunkt der eingewanderten Siedler war die urkundlich bereits 1465 erwähnte Kapelle Masescha. Seine eigene Kirche hat Triesenberg hingegen erst im Jahre 1768 erhalten, als es zur Pfarrei wurde. Die heutige Pfarrkirche St. Josef mit dem markanten Zwiebelturm ist 1940 eingeweiht worden. Die Kapelle Steg gibt es in der heutigen Form ab 1907. Für die Alpengottesdienste ist die Friedenskapelle Malbun seit 1951 eine beliebte Andachtsstätte.

Mittelpunkt des Lebens der Walsergemeinde ist der Dorfkern rund um das altehrwürdige Rathaus und die Pfarrkirche. Hier konzentrieren sich die öffentlichen Einrichtungen und das international bekannte Walsermuseum erzählt aus dem Leben der alteingesessenen Bevölkerung.

Der markante Zwiebelturm der Pfarrkirche prägt das Bild des Dorfzentrums von Triesenberg.

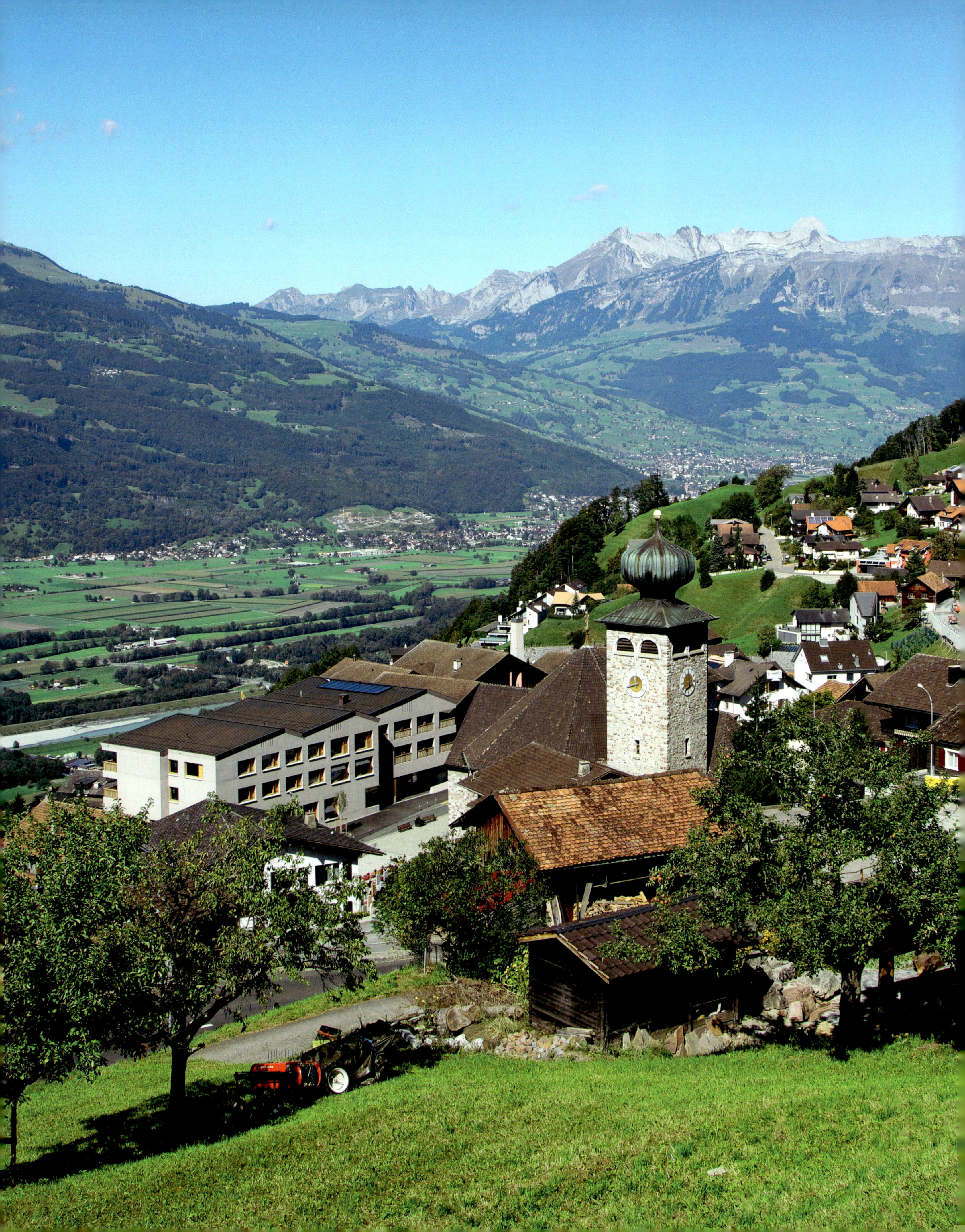

Weit verstreut gelegene Ställe zeugen vom traditionellen früheren Leben und Arbeiten in der Walsergemeinde.

1978 | Rathaus Triesenberg, gestaltet von Georg Malin.

Links: Das Dorfzentrum von Triesenberg.

Auf abwechslungsreichen Spazier- und Wanderwegen lassen sich die Landschaft und der atemberaubende Ausblick ins Rheintal geniessen.

1999 | «Walser Hauszeichen», gestaltet von Herbert Fritsch.

Die Kapelle St. Theodul im Weiler Masescha ist das älteste Gotteshaus von Triesenberg.

Rechts: Blick auf die Alp Sücka und die Feriensiedlung Steg im Saminatal.

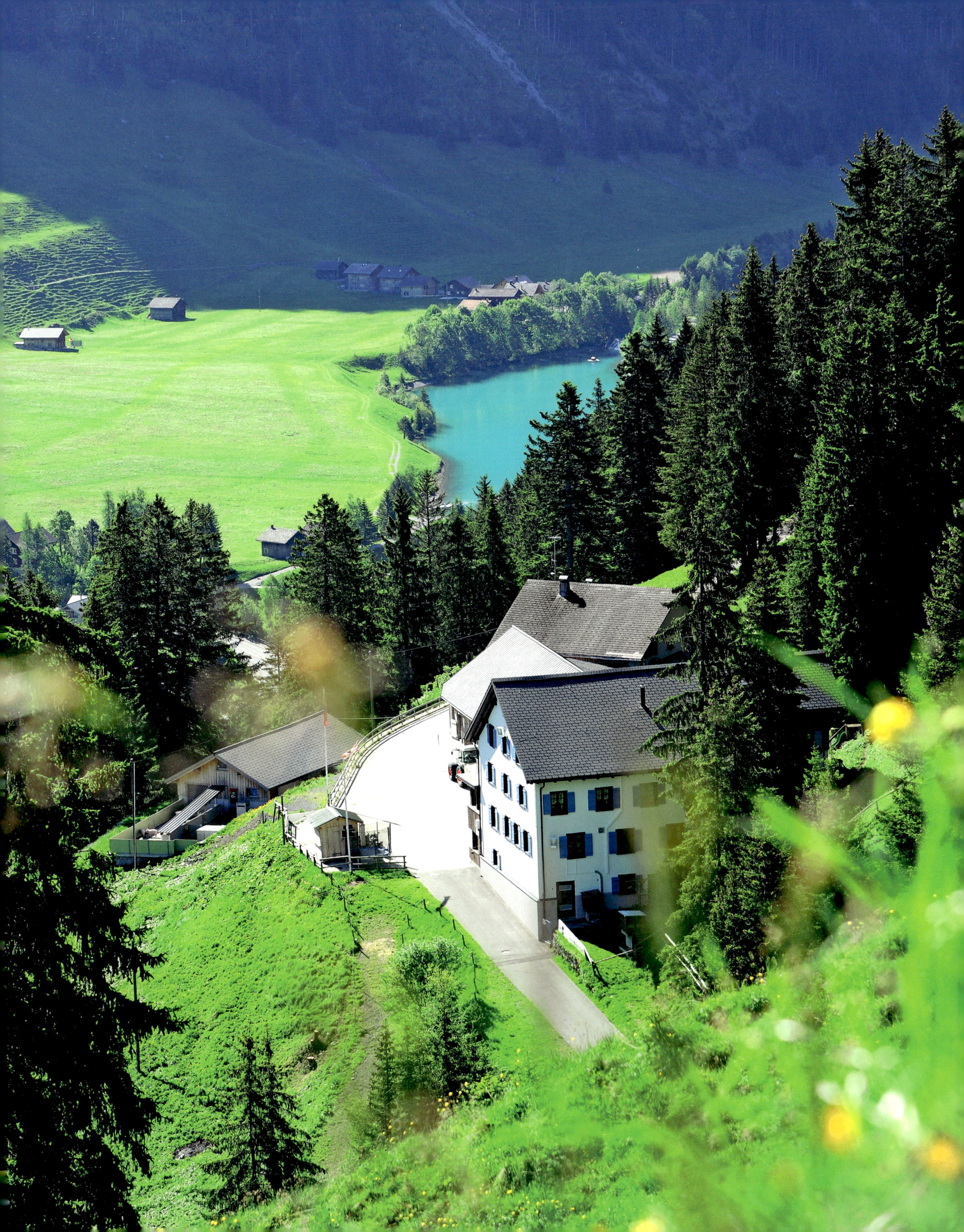

Balzers

1981 | Burg Gutenberg, gestaltet von Otto Zeiller.

Balzers ist die südlichste Gemeinde des Fürstentums Liechtenstein. Ihr Wahrzeichen ist der mitten in der Rheinebene gelegene, weithin sichtbare Burghügel mit der jüngst restaurierten und wiederbelebten Burg Gutenberg.

Der auf rund 470 m.ü.M. gelegene Talboden um den Burghügel wird als Siedlungsgebiet und für die Landwirtschaft genutzt. Weinberge an bevorzugten Lagen, naturnah aufgebaute Wälder in unterschiedlicher Zusammensetzung sowie Feuchtgebiete mit klaren Quellen und artenreiche Magerwiesen an den unteren Hanglagen prägen die Lebensräume. Im Osten des Gemeindegebietes steigt das Gelände zunächst sanft, dann über Wald und Fels immer steiler bis auf knapp 1900 m.ü.M. an. Vervollständigt wird das Gemeindegebiet mit den Hochalpen Gapfahl, Güschgle, Guschgfiel und Matta, welche sich im Liechtensteiner Alpengebiet befinden.

Die politische Gemeinde Balzers besteht aus den beiden Ortsteilen Balzers und Mäls, deren historisch gewachsene Kerne sich östlich und westlich des Burghügels befinden. Ihre einst deutlich sichtbare räumliche Trennung ist durch die anhaltende Ausdehnung der Siedlungen im Verlauf der letzten Jahrzehnte mehr und mehr aufgehoben worden und für ortsfremde Besucher bereits kaum mehr erkennbar.

Im Ortsteil Mäls finden zwei Kapellen besondere Beachtung. Die beliebte Hochzeitskapelle Maria-Hilf, die in ihrer heutigen Form aus dem 17.–19. Jahrhundert stammt und die Kapelle St. Peter, die gar in die Zeit um 1300 zurückgeht. Im Ortsteil Balzers ragt von der alten, 1926 abgebrochenen Pfarrkirche als markanter Rest noch der Turm in den Himmel, während die neue Pfarrkirche von 1912 an anderer, zentraler Lage am Fusse des Burghügels erbaut wurde.

Nicht ohne Grund wird Balzers in Liechtenstein als das «singende und klingende Dorf» bezeichnet. Gemütlichkeit und ein vielfältiges, aktives Kulturleben gehören zum Balzner Selbstverständnis. So tragen hochstehende Konzerte und Darbietungen, interessante Ausstellungen und vieles mehr zu einem aktiven und geselligen Dorfleben bei und lassen Balzers zu einem viel besuchten Kulturtreffpunkt werden.

Auf einem Inselberg, der markant aus der Rheinebene von Balzers ragt, thront die Burg Gutenberg.

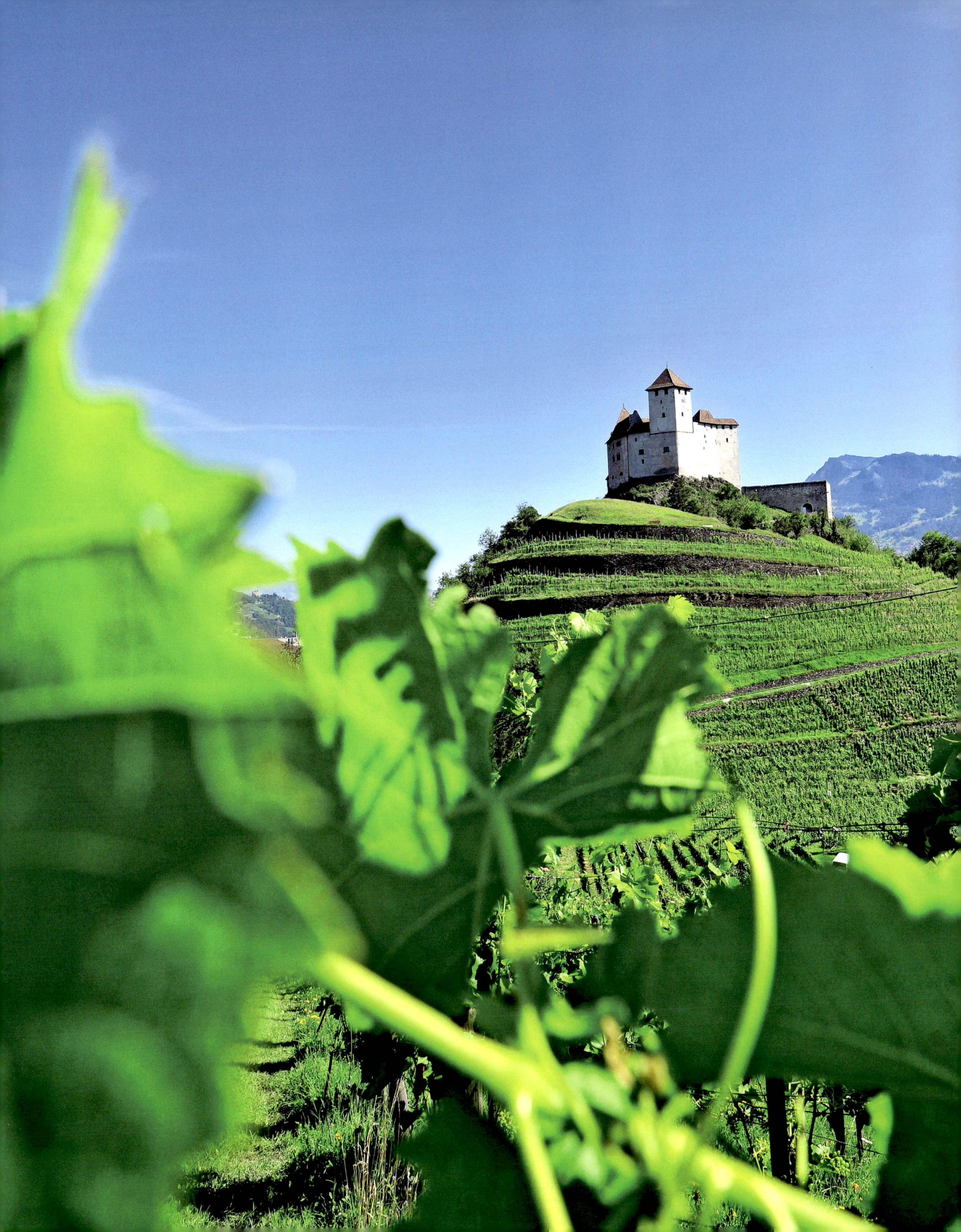

Blick von der Burg Gutenberg auf Balzers und den rund 1900 Meter hohen Gebirgszug im Osten.

2001 | Mars von Gutenberg, gestaltet von Georg Malin.

Georg Malin

Der Historiker, Bildhauer und Maler Georg Malin wurde 1926 geboren. Parallel zum Studium der Geschichte und Kunstgeschichte absolvierte er eine Lehre als Bildhauer. Neben seiner freiberuflichen Tätigkeit als Bildhauer und Maler war Malin Konservator der Staatlichen Kunstsammlung (1968–1996) und engagierte sich in der Politik (Landtagsabgeordneter 1966–1974; Regierungsrat 1974–1978).

Zu Füssen der Burg Gutenberg befindet sich das gleichnamige Bildungs- und Seminarhaus.

In der Balzner Mühle wird nach wie vor gemahlen.

1958 | Kapelle St. Peter, Mäls, gestaltet von Anton Frommelt.

Im Steinbruch Freiaberg wird im Untertagebau «Balzner Marmor» gewonnen.

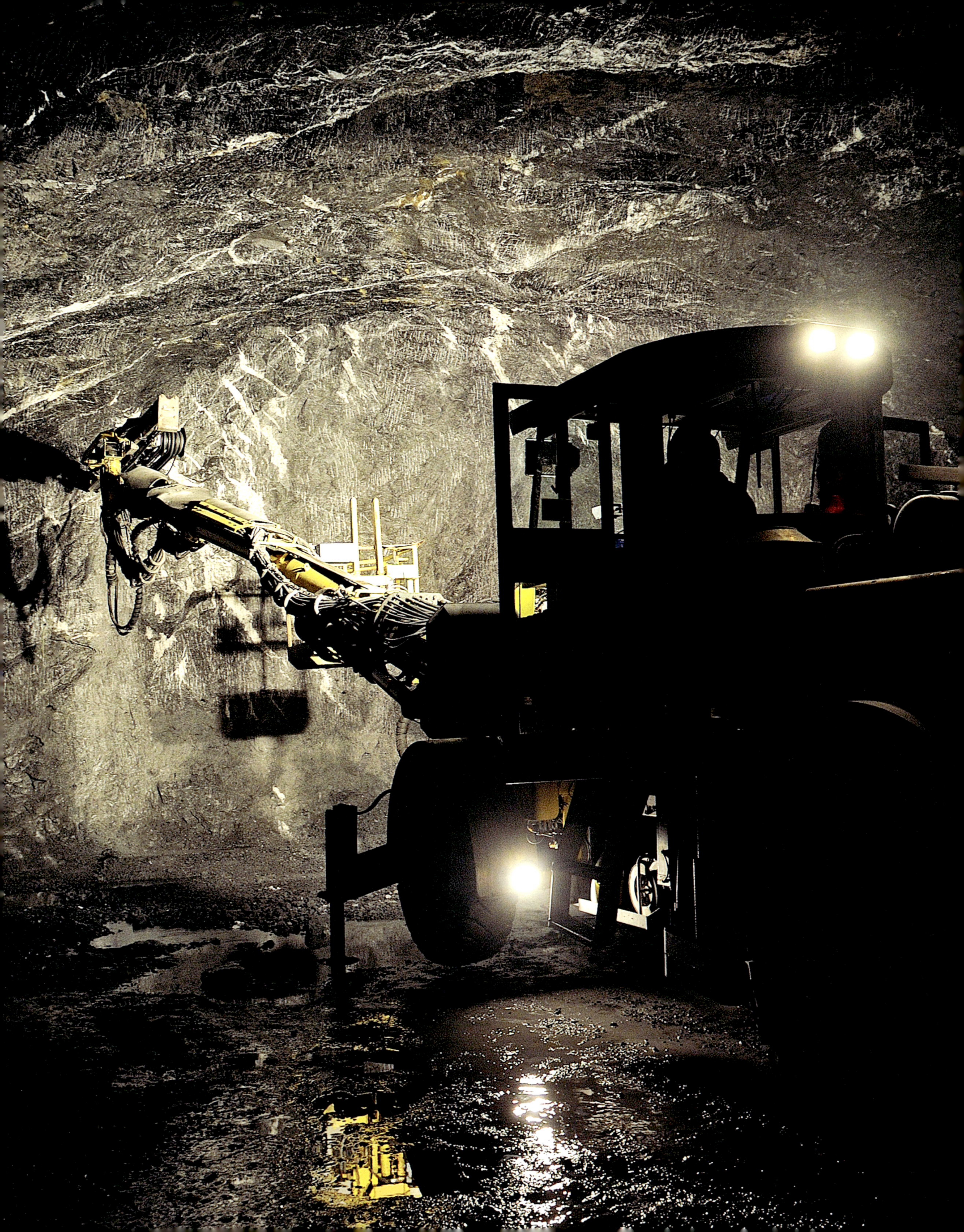

Planken

1997 | Planken, aus der Serie «Dorfansichten», gestaltet von Otto Zeiller und Marianne Siegl.

Gut 350 Höhenmeter über dem Rheintal liegt auf einer sonnigen Bergterrasse das Dorf Planken. Einiges weist darauf hin, dass es sich bei der einwohnermässig kleinsten Gemeinde Liechtensteins um eine einstige Walsersiedlung handeln könnte, doch anders als in Triesenberg, wo die Mundart noch eindeutig auf die ursprüngliche Herkunft der Menschen schliessen lässt, fehlt in Planken dieser untrügliche Nachweis.

Nachdem sich die Gemeinde lange mit einem Rückgang der Wohnbevölkerung konfrontiert sah, ist das kleine Dorf in den letzten Jahren als attraktiver Wohnort entdeckt worden. Gegen 450 Menschen leben heute wieder im Ort. Dazu beigetragen hat, dass Planken vom Tal aus über eine gut ausgebaute Strasse mit den öffentlichen Verkehrsmitteln ebenso unkompliziert erreichbar ist wie mit dem Auto. Ebenso wichtig ist aber, dass die Menschen, die in Planken leben, mit aktivem Engagement an der Zukunft des Dorfes mitarbeiten.

Die Mehrzahl der in Planken wohnhaften Berufstätigen ist in einem der Betriebe im Tal tätig. Gut erhaltene, teils denkmalgeschützte alte Holzhäuser und moderne Wohnhäuser reihen sich entlang der Dorfstrasse. Sie bestimmen gemeinsam mit der ins Jahr 1768 zurückgehenden Kapelle St. Josef und dem Gemeinde- und Schulzentrum das malerische Dorfbild.

Zum Plankner Gemeindegebiet mit einer Gesamtfläche von 5,3 Quadratkilometern gehören neben der Dorfsiedlung auch das höher gelegene Oberplanken, das Maiensäss Rütti, die Alpen Gafadura und Alpzinken sowie das Naturschutzgebiet Garselli im Saminatal. Die alpwirtschaftliche Nutzung der Flächen ist für Planken von erhaltenswerter Bedeutung, weshalb in den Sommermonaten das Vieh aus dem Tal von Alp zu Alp zieht. Sowohl die Bergterrasse mit der Wohnsiedlung als auch die Alpflächen sind von Wald umgeben. Er nimmt an diesem steilen Berghang vor allem eine wichtige Schutzfunktion ein, während die Holzwirtschaft, früher der wichtigste Wirtschaftszweig für die Einwohnerschaft, heute keine existenzielle Bedeutung mehr hat.

Menschen aus der ganzen Region schätzen Planken als Erholungsgebiet. Wald und Berge sind zum Greifen nah und bieten zahlreiche Möglichkeiten, um sich zu bewegen, auszuruhen, Energie zu tanken und die Zeit in der Natur alleine oder mit Familie und Freunden zu verbringen.

Auf einer sonnigen Bergterrasse über dem Rheintal liegt Planken, Liechtensteins Gemeinde mit der geringsten Einwohnerzahl.

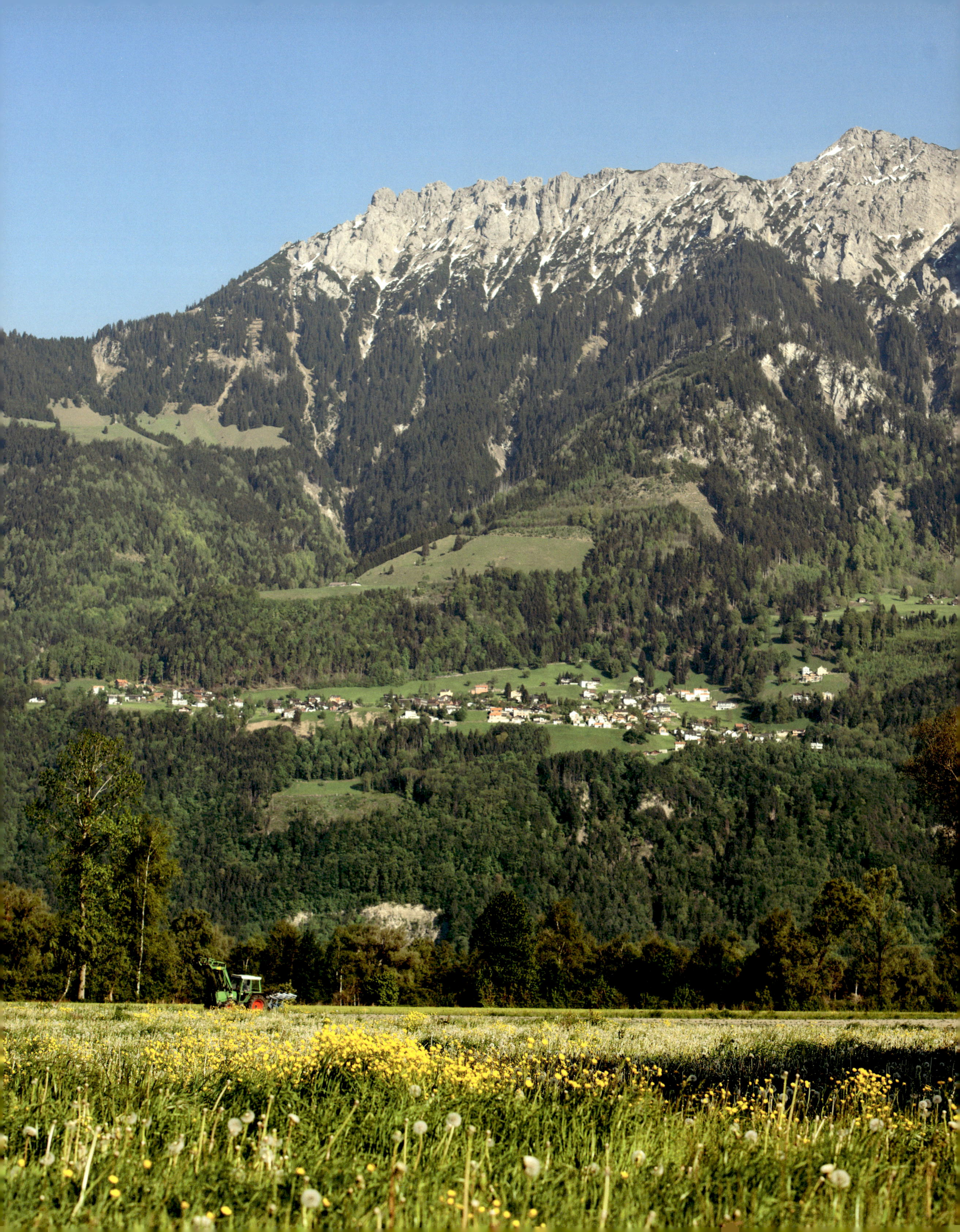

Am Fusse des Drei-Schwestern-Massivs gelegen ist das malerische Planken Ausgangspunkt für eindrucksvolle Naturerlebnisse.

1938 | Dreischwestern-Gruppe, gestaltet von Matthäus Schiestl.

Links: Entlang der Dorfstrasse reihen sich die schmucken Wohnhäuser von Planken.

Ein beliebtes Ausflugsziel für Wanderer und Mountainbiker ist die Gafadurahütte des Liechtensteiner Alpenvereins.

1944 | Planken, aus der Serie «Landschaften», gestaltet von Johannes Troyer.

Wertzeichen

Es werden drei Arten von Wertzeichen unterschieden: Frei- und Sondermarken sowie Ganzsachen. Freimarken werden in mehreren Auflagen über längere Zeit ausgegeben. Dagegen werden Sondermarken in einmaliger Auflage zu speziellen Anlässen aufgelegt. Briefumschläge und Postkarten mit aufgedrucktem Wertzeichen werden als Ganzsachen bezeichnet.

Der grandiose Blick ins Rheintal und auf die Schweizer Kreuzberge ist einer der Gründe, weshalb sich Planken als Wohngemeinde steigender Beliebtheit erfreut.

Schellenberg

2011 | Burg Schellenberg, gestaltet von Adolf Tuma nach einem Gemälde von Moritz Menzinger.

Auf dem langgezogenen Rücken des Eschnerbergs erstreckt sich die Gemeinde Schellenberg, die mit 3,6 Quadratkilometern flächenmässig die kleinste des Fürstentums Liechtensteins ist. Die weitverstreute Siedlung mit den drei Ortsteilen Vorderer, Mittlerer und Hinterer Schellenberg ist Heimat von rund 1000 Menschen und zeichnet sich dank ihrer ruhigen Abgeschiedenheit vor allem als Wohngemeinde aus. Schellenberg liegt in einem landschaftlich sehr reizvollen Hügelgebiet, welches reichlich durch Wälder gegliedert ist und mit interessanten Ausblicken auf die umliegende liechtensteinische, österreichische und schweizerische Nachbarschaft aufwartet.

Der Name der Gemeinde stammt vom bayerischen Rittergeschlecht derer von Schellenberg. Sie waren im 13. Jahrhundert im Besitz der Herrschaft Schellenberg, zu welcher die Burgen Neu und Alt Schellenberg gehörten. Ruinen der beiden Burgen konnten konserviert und bis heute erhalten werden.

Die sichere Höhenlage über dem Rheintal machte das Gemeindegebiet des heutigen Schellenberg schon in vorgeschichtlicher Zeit zum bevorzugten Siedlungsplatz. Archäologische Grabungen konnten eine Siedlungskontinuität seit ca. 5000 vor Christus nachweisen. Eindrückliches Zeugnis der frühen Besiedlung legt der Fundplatz Borscht ab. Die Ausgrabung dieser ringförmigen Wohn- und Wehranlage förderte Kulturschichten aus der Jungsteinzeit von 4300 v. Chr. bis zur jüngeren Eisenzeit um 450 v. Chr. zu Tage.

Schellenberg gehörte bis 1881 zur alten Pfarrei Bendern. Die erste eigene Kirche stand in Mittleren Schellenberg, wo sich auch ihre Nachfolgerin, die Pfarrkirche zum Unbefleckten Herzen Mariä, aus dem Jahr 1963 befindet. Ein zweites Haus Gottes steht mit der Kapelle St. Georg im Hinteren Schellenberg im nördlichen Teil der Gemeinde. Darüber hinaus ist Schellenberg Sitz eines Frauenklosters, in welchem sich zudem die Residenz des Erzbischofs des Erzbistums Vaduz befindet.

Sehens- und besuchenswert ist das so genannte Biedermann-Haus, ein bäuerliches Wohnmuseum, welches in einem der ältesten, weitgehend in seiner originalen spätmittelalterlichen Raum- und Baustruktur erhaltenen Holzwohnhäuser Liechtensteins eingerichtet ist.

Ein grosszügig gestalteter Dorfplatz samt moderner Kirche prägt die Ortsmitte von Liechtensteins kleinster Gemeinde Schellenberg.

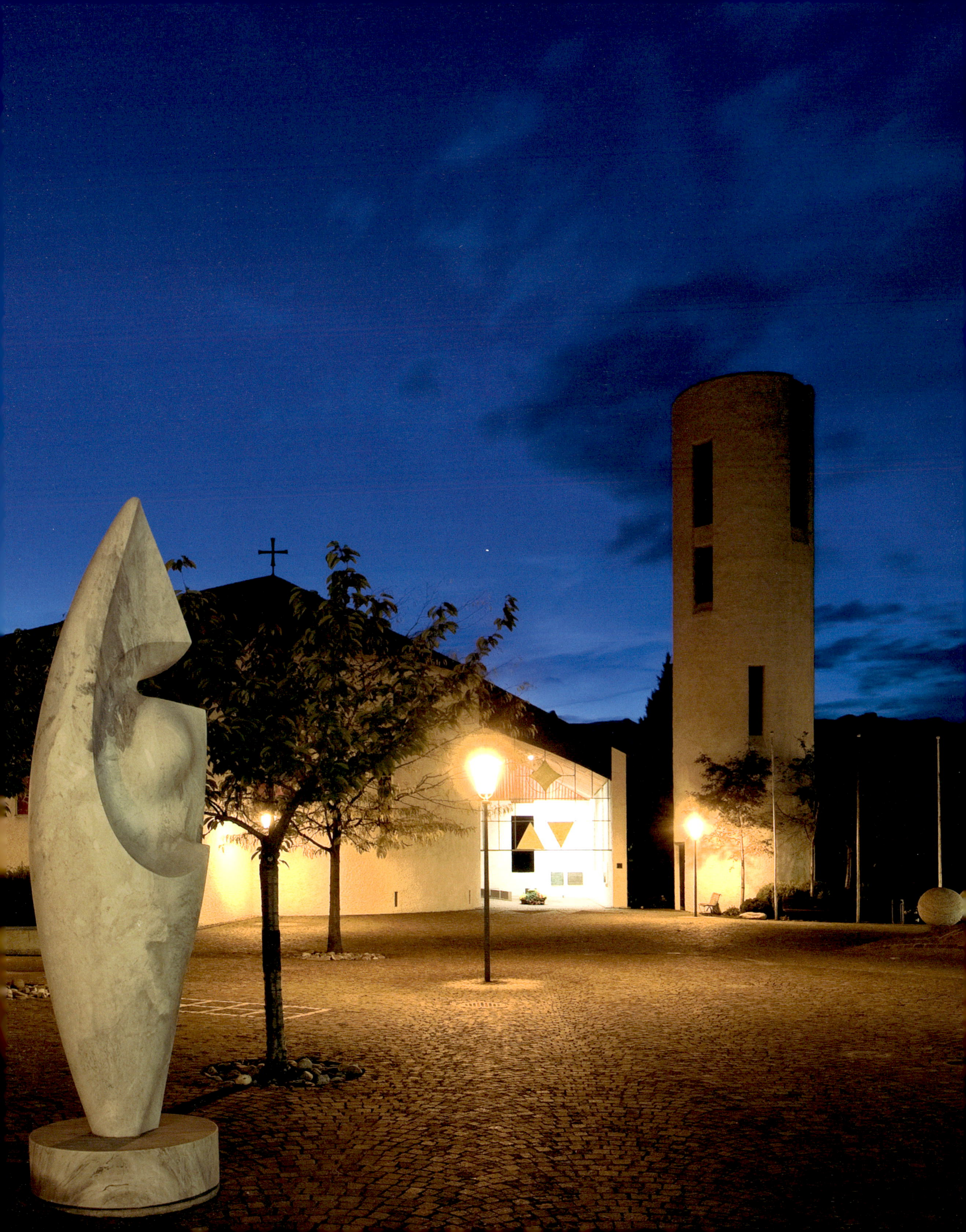

Das Frauenkloster von der ewigen Anbetung des Kostbaren Blutes Christi ist Residenz des Erzbischofs des Erzbistums Vaduz.

1935 | Ruine Schellenberg, gestaltet von Adolf Buck.

Bäuerliche Wohnkultur und Lebensart um 1900 wird im Wohnmuseum «Biedermann-Haus», einem Bauernhaus in Holzbauweise aus dem 16. Jahrhundert, gezeigt.

Schellenberg liegt in einer reizvollen und abwechslungsreichen Hügellandschaft auf dem langgezogenen Rücken des Eschnerbergs.

1998 | «Baudenkmäler in Schellenberg», gestaltet von Georg Malin.

Ruhe und Abgeschiedenheit gehören zu den besonderen Reizen Schellenbergs.

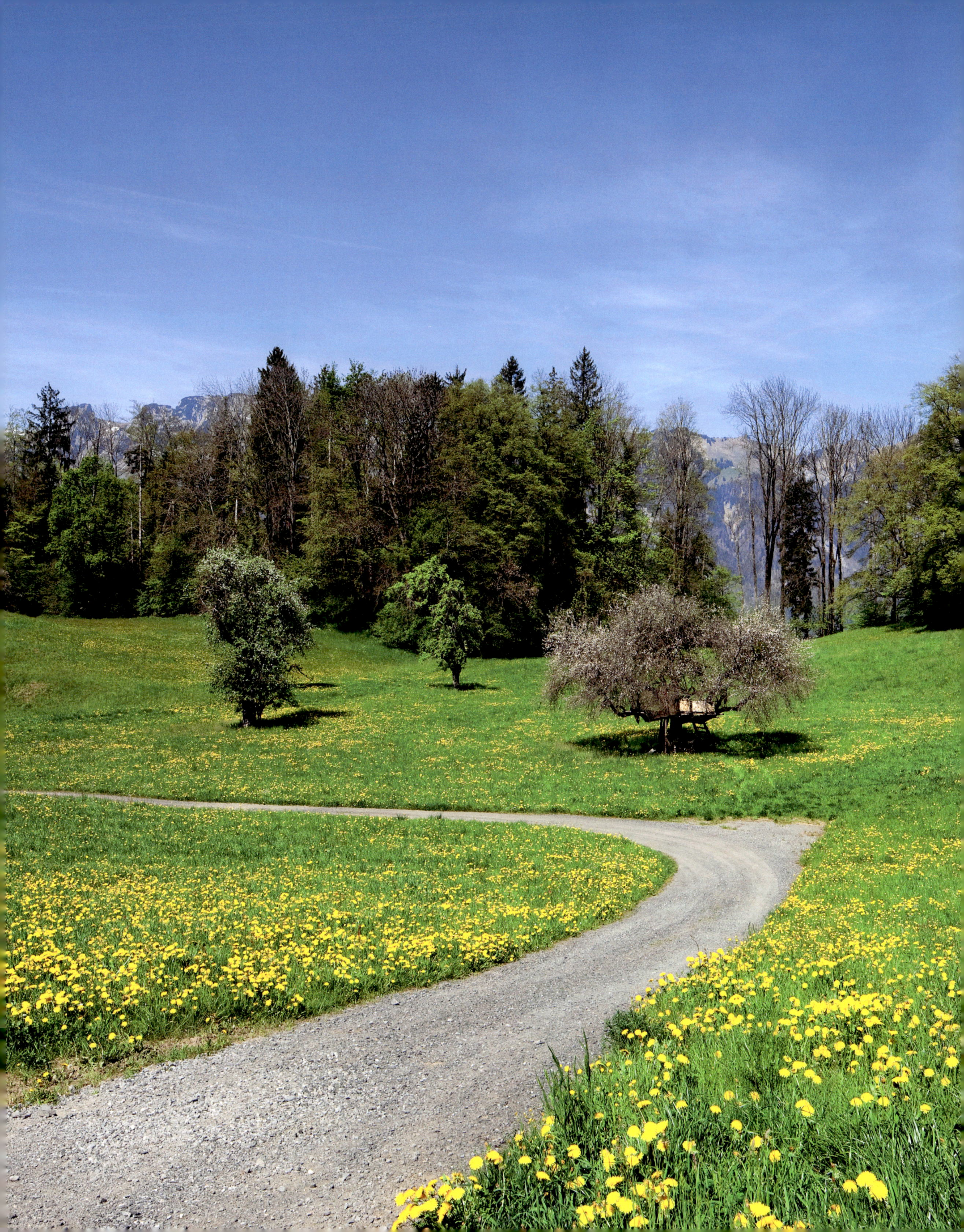

Mauren-Schaanwald

2001 | Torkel in Mauren, gestaltet von Georg Malin.

Aus den beiden räumlich vollständig getrennten Ortsteilen Mauren und Schaanwald setzt sich die politische Gemeinde Mauren, die zweitgrösste Gemeinde des Liechtensteiner Unterlandes zusammen. Gegen 4000 Einwohner und eine Gesamtfläche von 7,5 Quadratkilometern bilden die nüchternen Fakten.

Das Sieglungsgebiet von Mauren erstreckt sich am Südost-Abhang des Eschnerbergs, geschützt und eingebettet zwischen sieben Hügeln, die allesamt mundartlich verwurzelte Namen tragen: Jodaböhel, Krüzböhel, Hinderbüelaböhel, Gopfaböhel, Purtscher, Halaböhel und Heraböhel. Erst als hier im frühen 19. Jahrhundert die Erbauung neuer Häuser untersagt wurde, entstand entlang dem nördlichen Ausläufer des Drei-Schwestern-Massivs als neue Siedlung allmählich das heutige Schaanwald. Beide Ortsteile verfügen über je eine Kirche; die Theresienkirche von 1936 in Schaanwald und die Kirche Peter und Paul in Mauren aus dem Jahre 1843, deren Ursprünge allerdings romanisch sind.

Zwischen Mauren im Westen und Schaanwald im Osten liegt eine fruchtbare Riedlandschaft, die weitgehend landwirtschaftlich genutzt wird, deren Ränder jedoch begehrte Standorte für Industrie- und Gewerbebetriebe darstellen. Sowohl dieses Ried als auch die sanften Hänge des Eschnerbergs stellen Naherholungsgebiete im besten Sinne des Wortes dar. Gleiches gilt auch für den steilen Bergwald, der sich östlich von Schaanwald emporzieht und schliesslich genauso wie weite Teile des Talraums an die Landesgrenze zu Österreich stösst. Seine innerstaatlichen Grenzen hat Mauren mit der Gemeinde Schellenberg im Norden sowie mit Eschen-Nendeln im Süden und Westen.

Mauren war der Geburtsort des für Liechtenstein bedeutenden Pädagogen und Geschichtsschreibers Peter Kaiser (1793–1864). Ihren grossen Sohn ehrt die Gemeinde mit einer Gedenkstätte und auch sonst wird das Andenken an die früheren Generationen beispielhaft gepflegt. Ein eigens gegründeter Verein für Ahnenforschung sorgt mit wertvollen Publikationen und Aktivitäten dafür, dass die Maurer und Schaanwälder ihre Herkunft nicht vergessen. Mauren lebt aber nicht in der Vergangenheit, sondern stellt sich den Aufgaben einer modernen und attraktiven Gemeinde immer wieder mit gezielten Investitionen in die Infrastruktur.

Altes Gemeindehaus und neue Verwaltung vereinen augenscheinlich das hohe Geschichtsbewusstsein und die zielgerichtete Moderne der Gemeinde Mauren-Schaanwald.

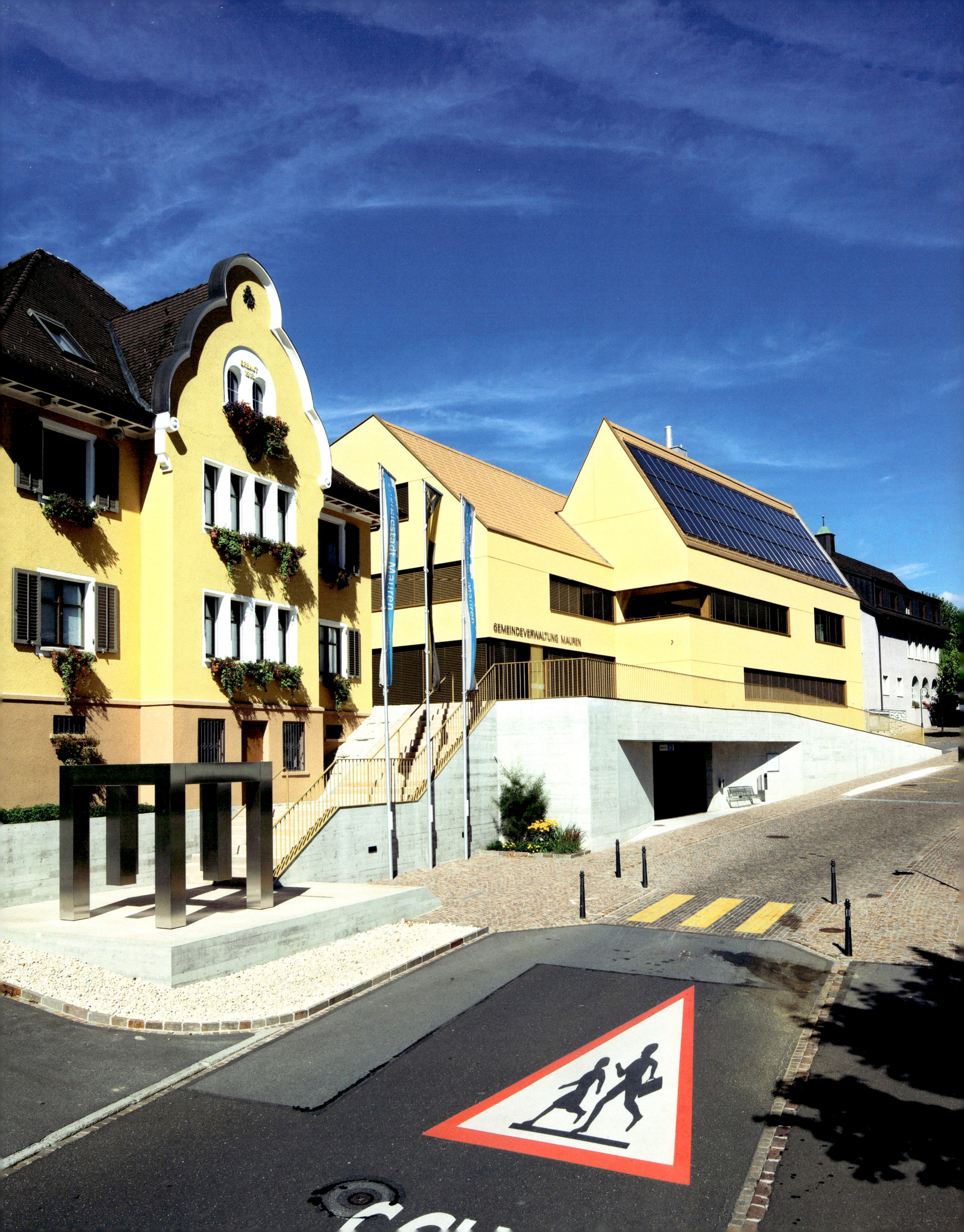
GEMEINDEVERWALTUNG MAUREN

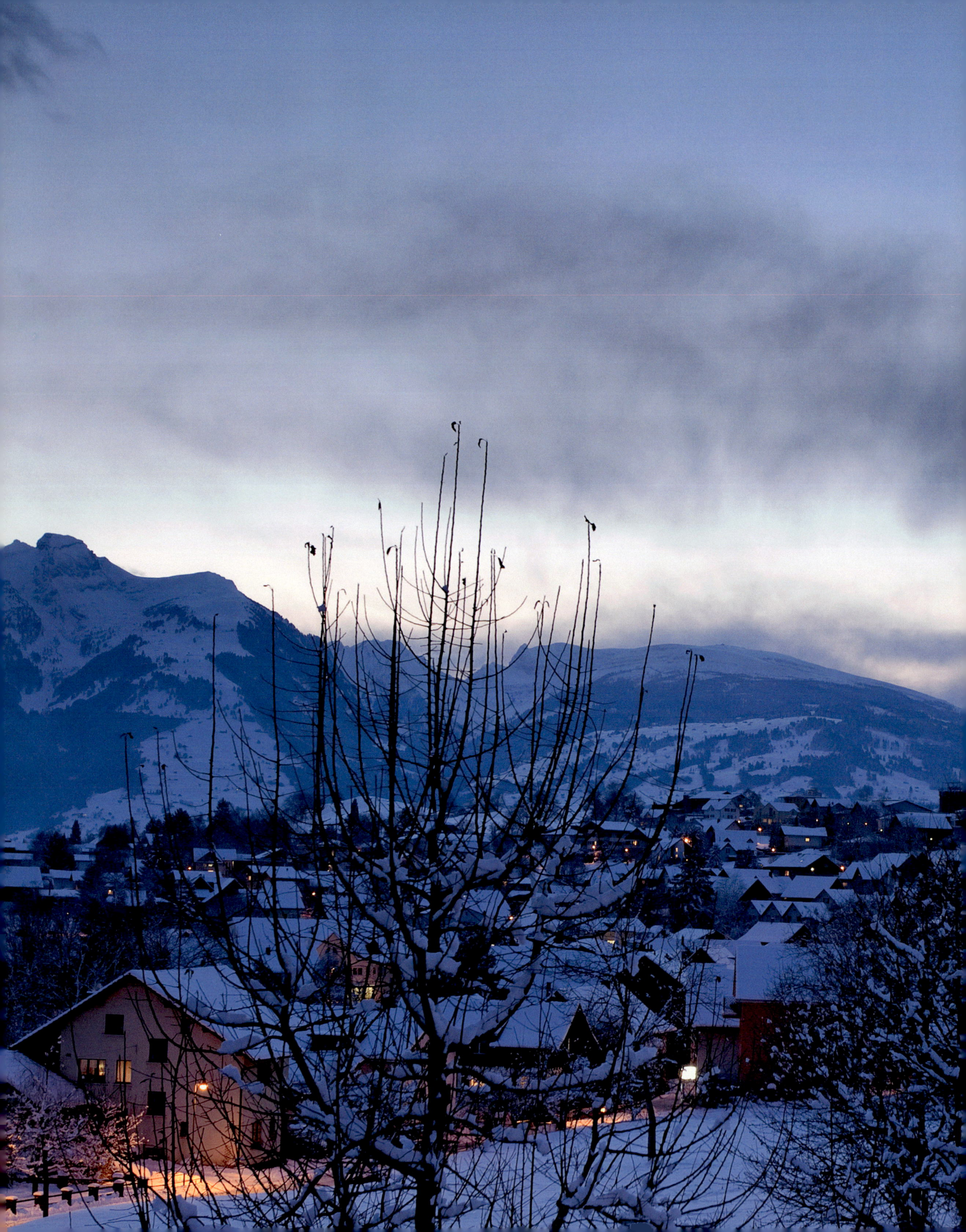

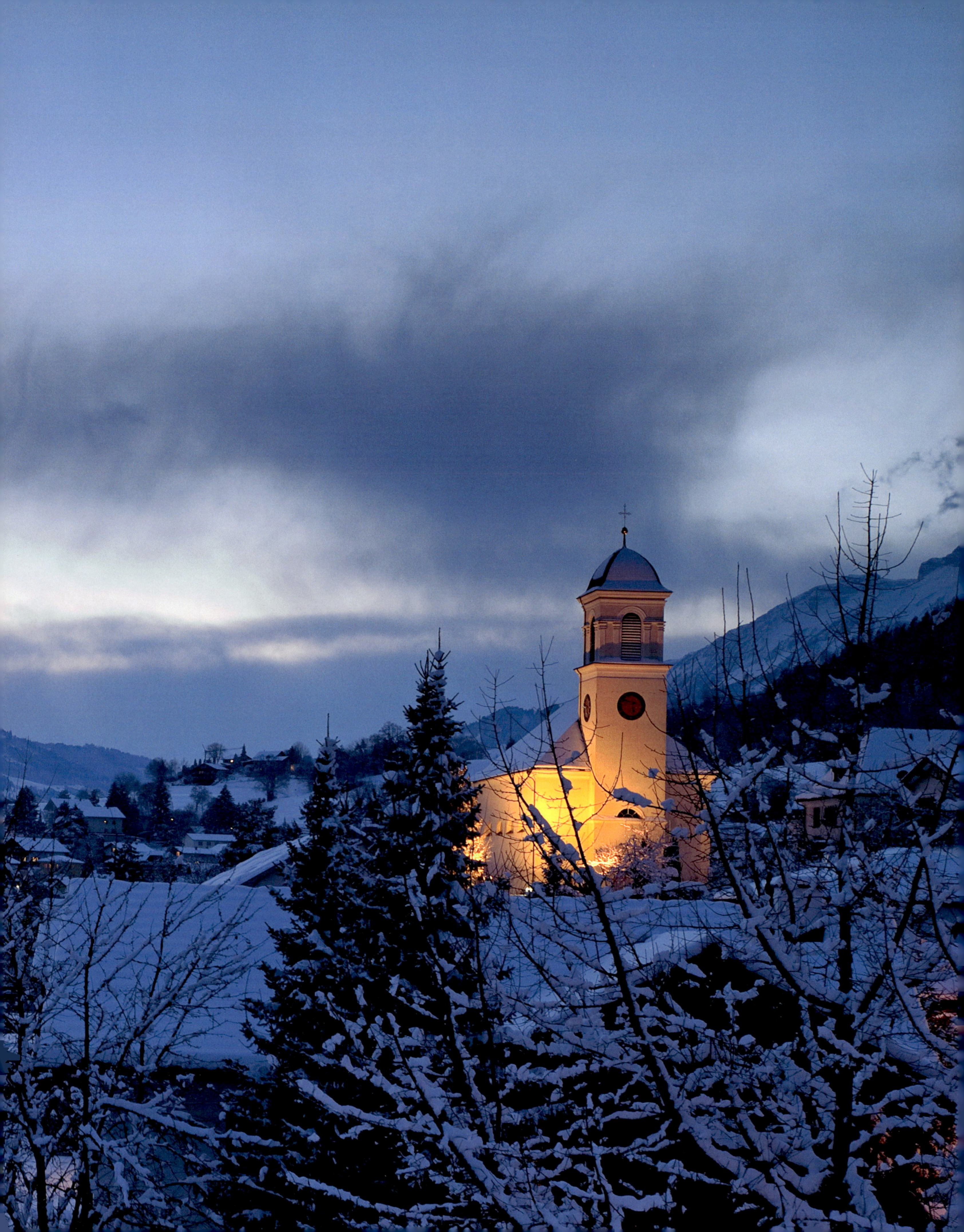

Der Zollvertrag mit der Schweiz macht es möglich: Schweizerisches Zollamt Schaanwald an der Grenze zu Österreich.

1997 | Haltestelle Schaanwald, gestaltet von Josef Schädler.

Links: Die Bahnstrecke Feldkirch – Buchs passiert Schaanwald. Sie ist die einzige Eisenbahnlinie im Fürstentum Liechtenstein.

Die «Paula-Hütte» oberhalb von Schaanwald, beliebtes Ziel für Freizeitsportler und Wanderer.

Ruggell

2003 | Pfarrkirche St. Fridolin, gestaltet von Georg Malin.

Während die übrigen Dorfsiedlungen Liechtensteins in alter Zeit bevorzugt an etwas erhöhten Hanglagen errichtet wurden, liegt Ruggell seit jeher gänzlich frei und ungeschützt in der Talebene. Jahrhundertelang war es dem Einfluss des Rheins ausgesetzt und seine Menschen waren es gewohnt, ihr Land dem oft bedrohlichen Fluss und dem feuchten Ried abzutrotzen. In der Mitte des Dorfes befindet sich die neugotische Kirche, die erbaut wurde, nachdem sich Ruggell 1875 zur eigenständigen Pfarrei erheben konnte.

Ruggell ist die nördlichste und zugleich die am tiefsten gelegene Gemeinde Liechtensteins. Der geografisch tiefste Punkt befindet sich auf 430 Metern über dem Meeresspiegel. Das Dorf, welches sowohl an Österreich als auch an die Schweiz grenzt, beheimatet gegen 2000 Einwohner und umfasst eine Fläche von 7,4 Quadratkilometern.

Noch immer spielt in Ruggell die Landwirtschaft eine gewisse Rolle, doch es ist insbesondere die Grenzlage mit den nahen Zugängen zu Autobahn und Bahnlinie, welche die Gemeinde neben ihrer ausgezeichneten Infrastruktur zu einem vorteilhaften Standort für Industrie und Gewerbe macht. Auf der anderen Seite wird Ruggell aber vor allem auch für seine herausragende Wohnqualität sehr geschätzt. Dazu trägt ganz wesentlich die unmittelbare Nähe zum Naturschutzgebiet Ruggeller Riet bei, welches zu den eindrücklichsten Landschaften mit der bemerkenswertesten Fauna und Flora Liechtensteins zählt. Von hohem Natur- und Erholungswert ist darüber hinaus die Einmündung des Binnenkanals in den Rhein. Dieses vor Jahren behutsam renaturierte Ökosystem bildet das nördliche der beiden Dreiländerecke Liechtenstein-Schweiz-Österreich. Das andere befindet sich im Süden des Landes auf dem Gipfel des 2570 Meter hohen Naafkopfs.

In Ruggell wird grosser Wert auf die Pflege von Kultur und Tradition gelegt, so vor allem im Kulturzentrum Küefer-Martis-Huus, einem denkmalgeschützten Haus aus der ersten Hälfte des 18. Jahrhunderts, in welchem regelmässig Ausstellungen, Vorträge und Vorlesungen zu verschiedenen Themen und Fachgebieten stattfinden.

Herausragende Wohnqualität, ausgezeichnete Infrastruktur und günstige Grenzlage machen Ruggell zu einer attraktiven Gemeinde.

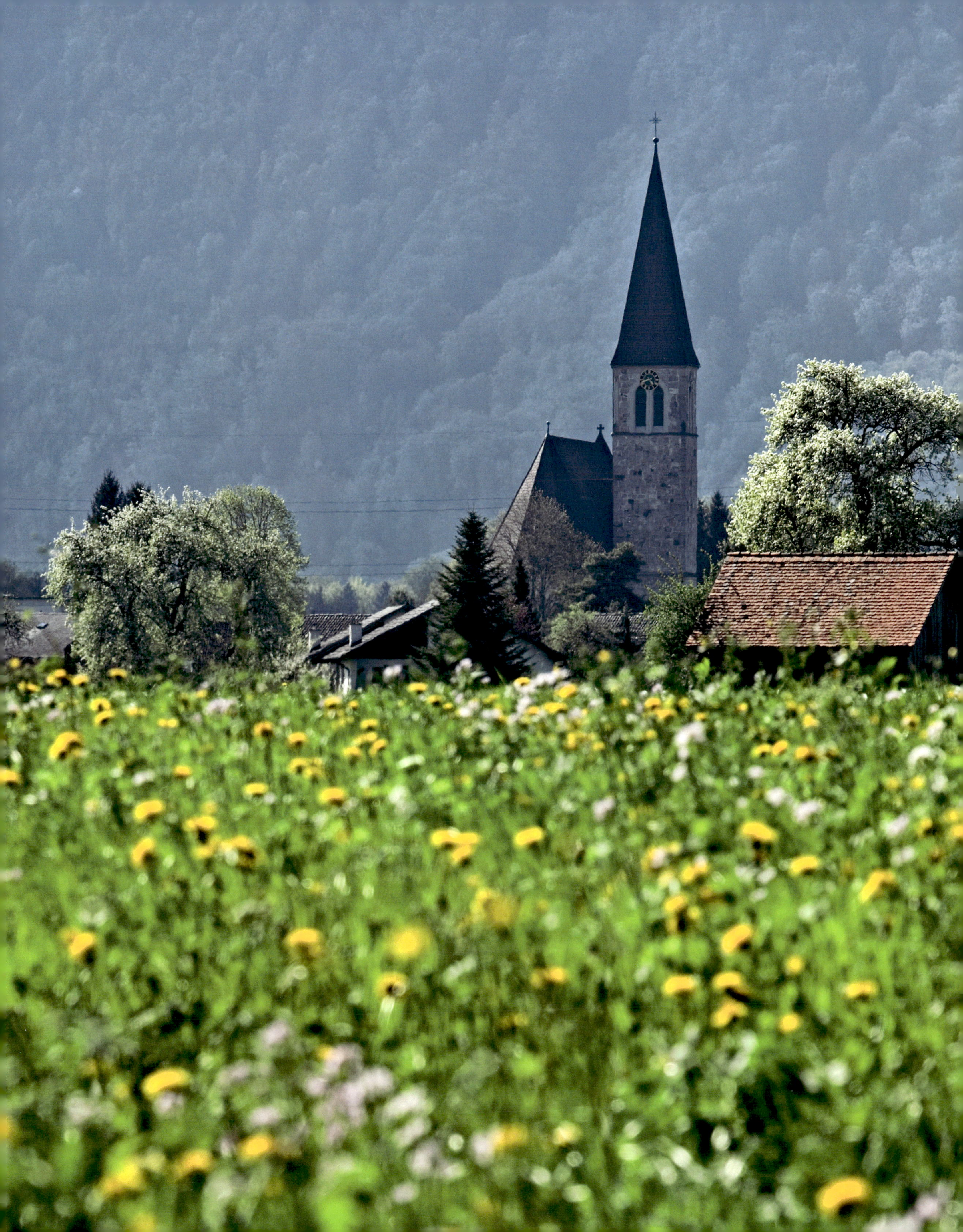

Wertzuschlag

1927 brach bei der Eisenbahnbrücke in Schaan der Rheindamm. Die einströmenden Fluten überschwemmten den Talraum von Schaan bis Ruggell und vernichteten die gesamte Ernte. Um den Wiederaufbau zu finanzieren, wurde unter anderem eine Alkoholsteuer eingeführt. Der Landesfürst spendete 1,2 Millionen Franken. Weitere Hilfsgelder kamen aus der Schweiz. 1928 wurden Sonderbriefmarken herausgegeben, bei deren Kauf man zum normalen Porto einen Zuschlag (Spende) für die Hochwassergeschädigten bezahlte.

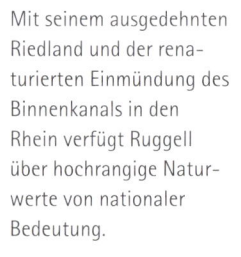

Mit seinem ausgedehnten Riedland und der renaturierten Einmündung des Binnenkanals in den Rhein verfügt Ruggell über hochrangige Naturwerte von nationaler Bedeutung.

1928 | Sondermarken «Rheinnot» mit Wertzuschlag. Gestaltet von Eugen Verling.

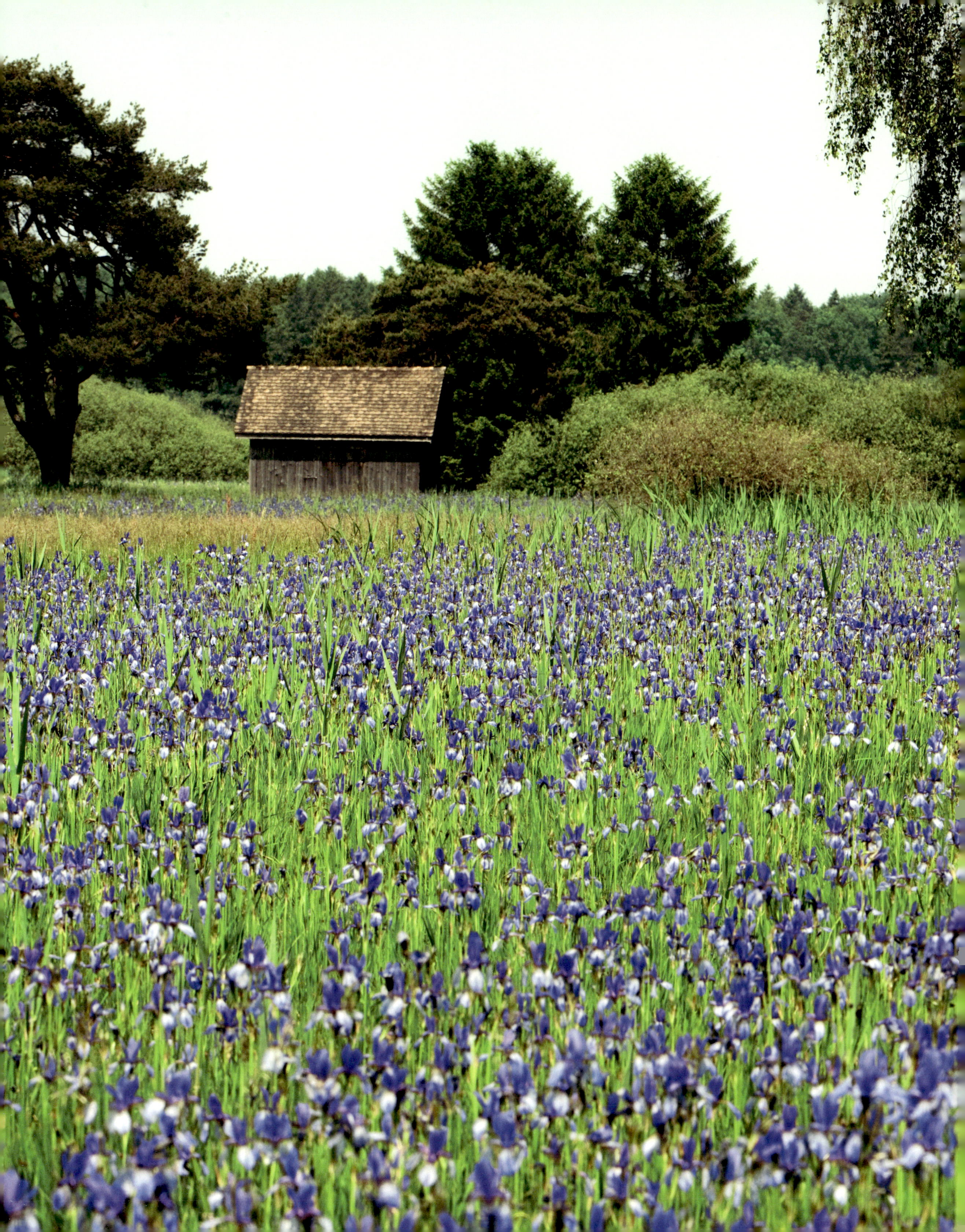

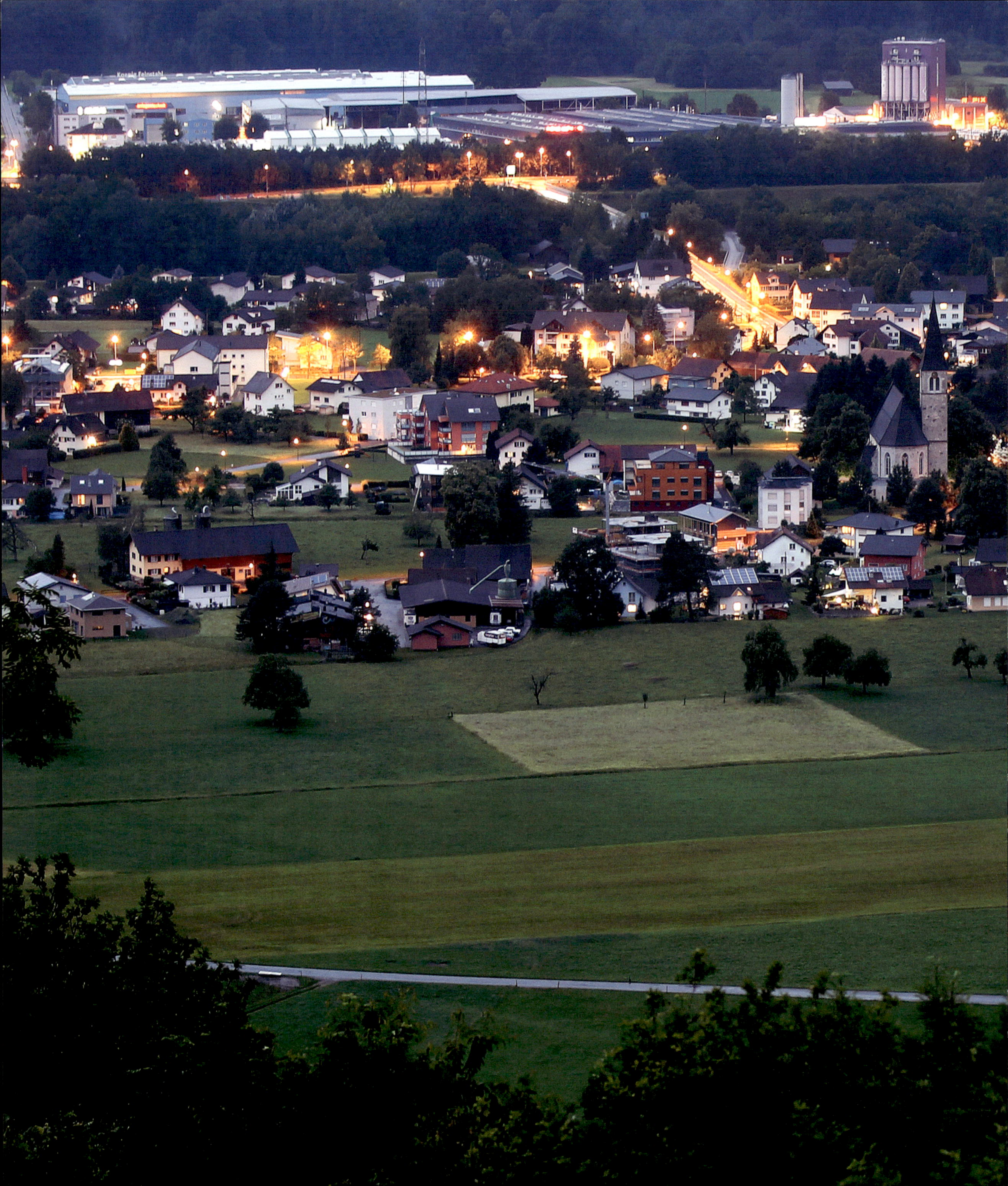

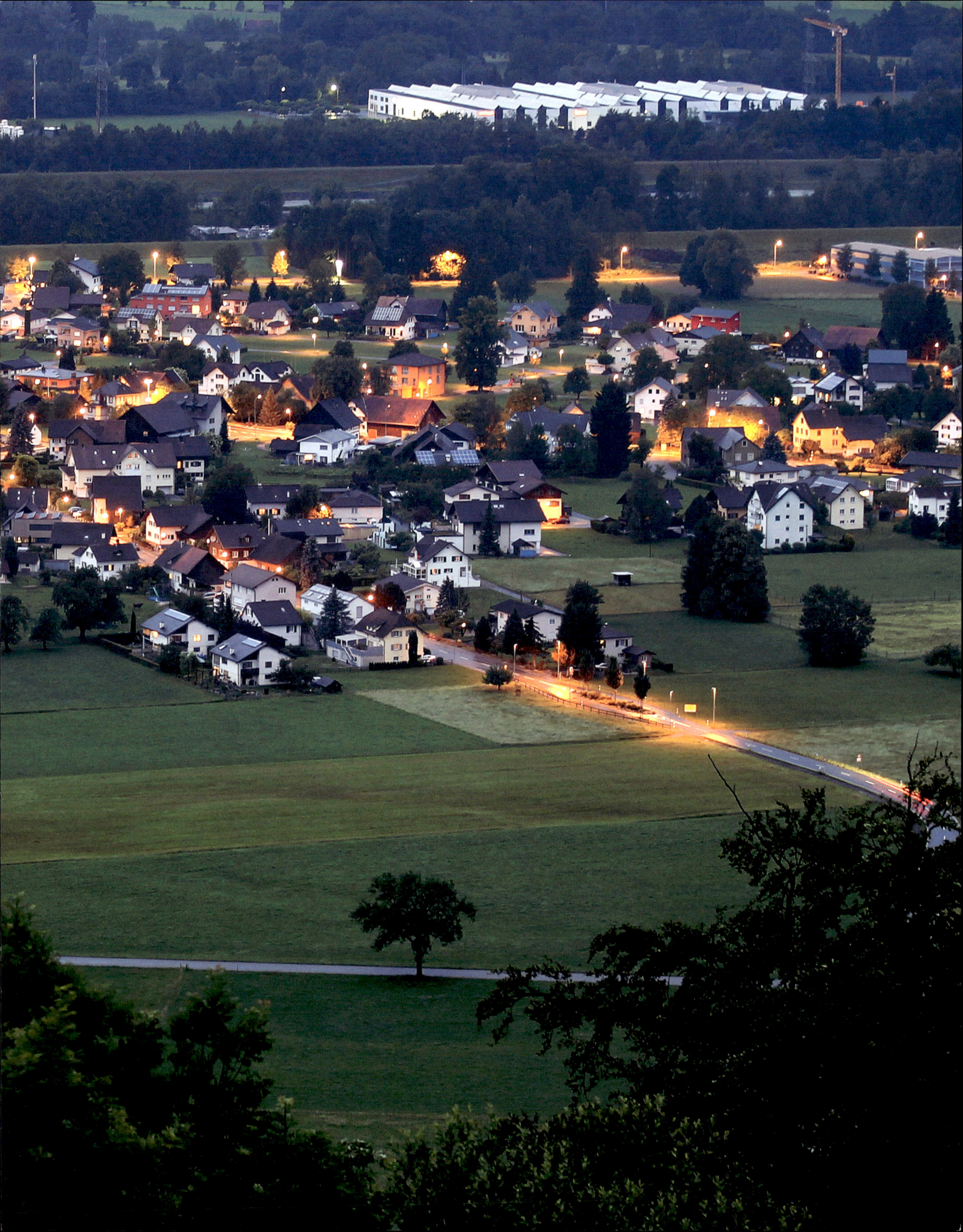

Triesen

1978 | Oberdorf Triesen, gestaltet von Georg Malin.

Triesen ist mit rund 5000 Einwohnern und 26,5 Quadratkilometern sowohl in Bezug auf seine Einwohnerzahl als auch in Bezug auf seine Fläche die drittgrösste Gemeinde des Landes. Das Gemeindegebiet erstreckt sich von der fruchtbaren Ebene am Rhein über das Siedlungsgebiet und uralte Kulturräume hinaus bis tief in das inneralpine Liechtenstein. Dort prägen ausgedehnte Wälder und bedrohliche Rüfeläufe die Landschaft ebenso wie sonnige Bergterrassen und gepflegte Alpweiden. Wer sich auf dem höchsten Punkt der Gemeinde – auf dem 2599 Meter hohen Grauspitz befindet – steht zugleich auch auf dem Dach Liechtensteins.

Triesen ist ein hervorragender Ausgangspunkt für ausgedehnte Wanderungen in die intakte Bergwelt Liechtensteins. Auf zahlreichen Spazierwegen kann aber auch die nähere Umgebung des Dorfes mit ihren herrlichen Natur- und Kulturlandschaften erkundet werden.

Wahrzeichen und frühestes bauliches Zeugnis Triesens ist die dem Heiligen Mamertus geweihte Kapelle St. Mamerta aus dem 9./10. Jahrhundert. Das Plateau, auf dem dieses Gotteshaus steht, soll einst zudem Sitz des Adelsgeschlechts der Edlen von Trisun gewesen sein.

Tradition und Moderne, ländliche Beschaulichkeit und städtische Betriebsamkeit machen das besondere Gepräge des Ortes, welcher als älteste geschlossene Siedlung des Landes gilt, aus. Von der jahrhundertelangen Geschichte kündet insbesondere der romantische, von sorgsam gepflegten Rebbergen flankierte Dorfkern mit seinen alten Häusern. Vom frühen Aufbruch in die Moderne zeugt eindrucksvoll die denkmalgeschützte Fabrikanlage einer im Jahre 1863 erbauten Baumwollweberei, in welcher heute zahlreiche neue Nutzungen vereint sind.

In der Neuzeit hat sich Triesen auf Grund seiner zentralen Lage zum gefragten Standort für Industrie und Gewerbe sowie für den Dienstleistungssektor entwickelt. Die gute Infrastruktur und die attraktiven Wohnlagen verleihen dem Ort darüber hinaus grosse Anziehungskraft als Wohngemeinde und Sitz zahlreicher Vereine für Sport, Kultur und Gesellschaft.

Die Kapelle St. Mamerta wacht als Wahrzeichen der Gemeinde über Triesen.

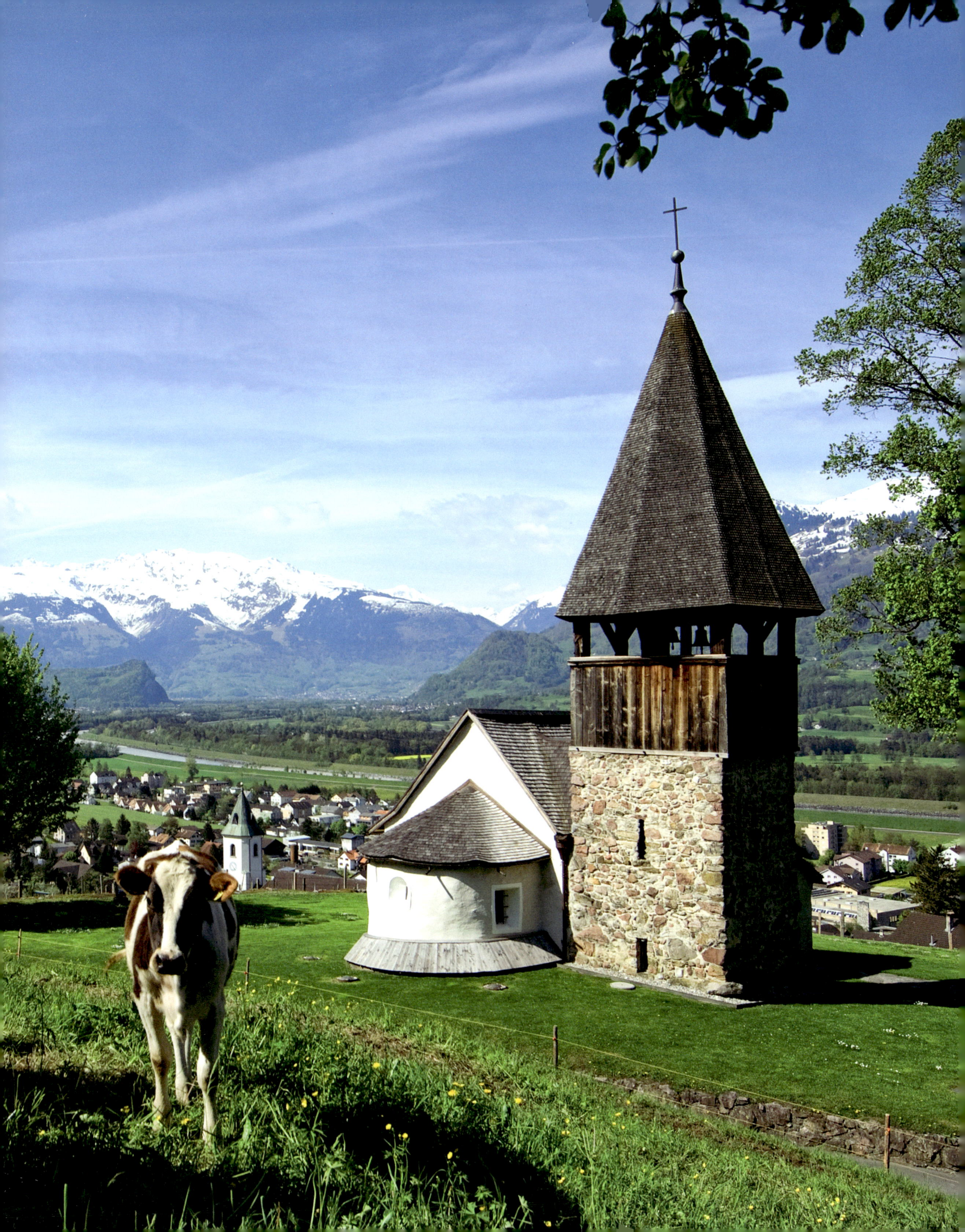

2004 | Tuass über Triesen, gestaltet von Sabine Bockmühl nach einem Foto von Bruno Matt.

Einzigartig in Liechtenstein sind die Triesner Heuberge mit den zahlreichen kleinen Hütten.

Rechts: Spass und Nervenkitzel sind im Seilpark Forst garantiert.

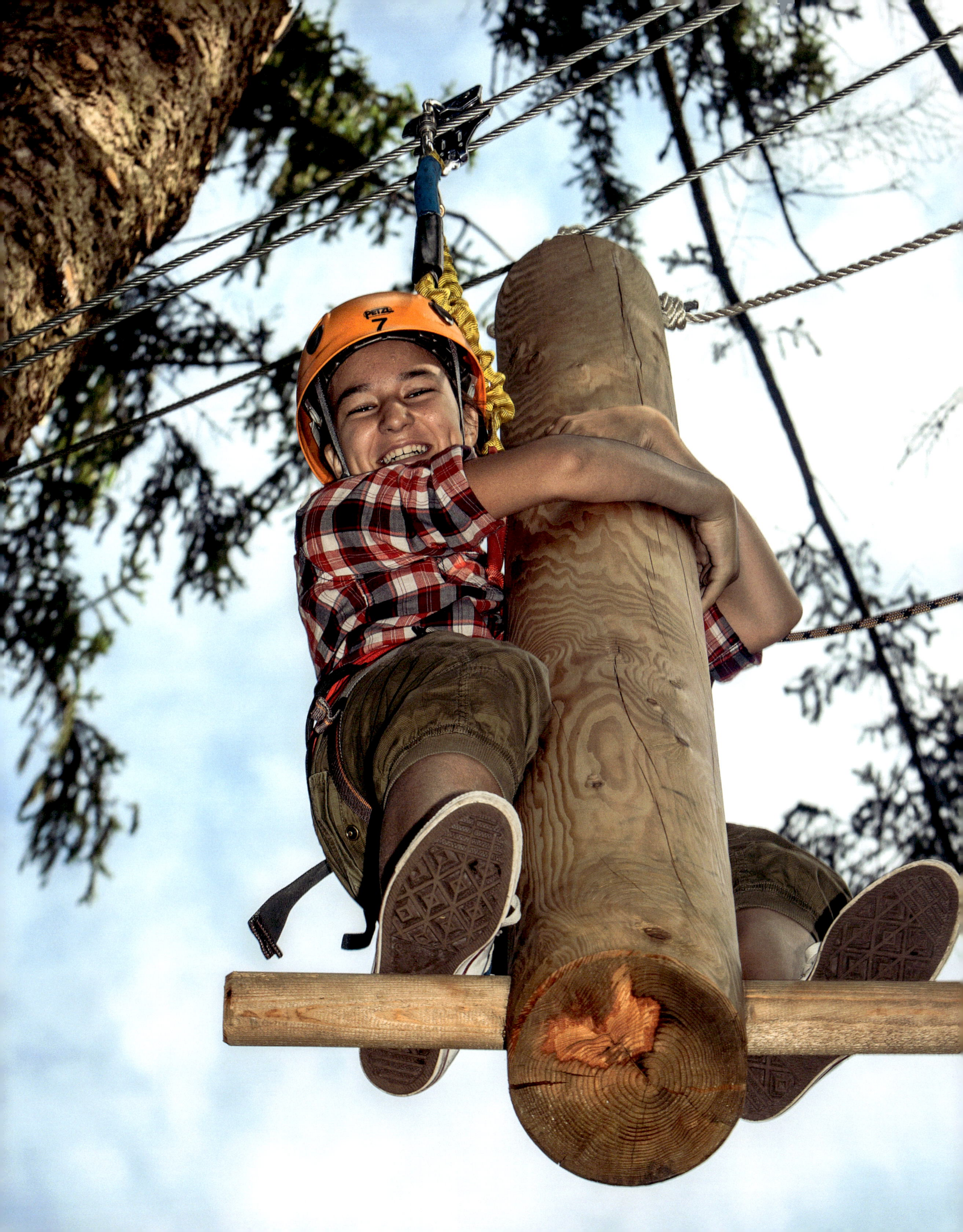
PETZL
7

Blick von der Kapelle
St. Mamerta auf Triesen
und seinen südlich
angrenzenden, uralten
Kulturraum.

2009 | Kapelle St. Mamerta
in Triesen, gestaltet von
Marco Nescher.

Die «Alte Fabrik» ist eines der frühesten Zeugnisse der Industrialisierung Liechtensteins. Heute ist sie im Besitz der Gemeinde und beherbergt verschiedene Nutzungen.

Sabine Bockmühl Die gelernte Grafikerin Sabine Bockmühl, geboren 1962, ist seit über zwanzig Jahren selbständig tätig. In dieser Zeit konnte sie mehrere Markenentwürfe und Postkarten realisieren. Unter anderem die 12er-Serie «Liechtenstein von oben», die Jubiläumsmarke und Postkarte «FAK», die Jubiläumsmarke «75 Jahre LPHV» und die Marke «50 Jahre EFTA» von 2010.

Schaan

1936 | Zeppelin über Schaan, gestaltet von Ludwig Hesshaimer.

Schaan ist eine der ältesten Siedlungen des heutigen Liechtensteins und verfügt mit der ehemaligen Kirche St. Peter über ein Gotteshaus, das an Alter alle anderen des Gebietes übertrifft. Es wird davon ausgegangen, dass im Frühmittelalter die romanisierte und christianisierte Bevölkerung rund um St. Peter lebte, während die zugewanderte alemannische Bevölkerung sich um die nördlich gelegene St. Laurentius Kirche gruppierte. Von dieser alten Pfarrkirche Laurentius ist heute nur noch der Turm erhalten. Er wird stilistisch in die Zeit um 1100 datiert.

Nach dem 2. Weltkrieg entwickelte sich Schaan in kurzer Zeit vom Bauerndorf zur Industriemetropole des Landes. Die heute einwohnerreichste Gemeinde Liechtensteins mit rund 5800 Menschen befindet sich in der Landesmitte am Fusse des Drei-Schwestern-Massivs und verbindet das Liechtensteiner Oberland mit dem Unterland. An dieser Schnittstelle ist Schaan der grosse Verkehrsknotenpunkt des Landes, insbesondere aber ein Wirtschaftsstandort, der zu den bedeutendsten der Region zählt. Rund ein Viertel aller liechtensteinischen Industriebetriebe haben ihren Sitz in Schaan. Die Wirtschaftskraft der Gemeinde zeigt sich in den über 7000 Arbeitsplätzen der rund 700 Unternehmungen, die das gesamte Spektrum vom lokal tätigen Kleingewerbe bis zu international ausgerichteten Industrie- und Dienstleistungsunternehmungen ausfüllen.

Zahlenmässig sind es die kleinen und mittleren Gewerbe- und Dienstleistungsbetriebe, welche den allergrössten Teil der Betriebe ausmachen. Besonders stark vertreten sind dabei das Baugewerbe und die Handelsbetriebe, die Schaan mit einer grossen Auswahl an Fach- und Lebensmittelgeschäften zu einem regionalen Zentrum mit hervorragenden Einkaufsmöglichkeiten werden liessen.

Die international tätigen Konzerne tragen den Namen der Gemeinde in alle Welt, so dass Schaan grosse Anziehungskraft ausübt. Menschen aus über 50 Nationen leben hier und prägen den Ort, der trotz dieser Internationalität den Reiz und die Lebensqualität einer intakten Dorfgemeinschaft bewahren konnte.

Weit über seine Grenzen hinaus bekannt ist Schaan zudem als Messestandort, als Hochburg der Liechtensteiner Fasnacht und als Gemeinde mit einem bemerkenswerten kulturellen Angebot. Für dieses finden sich etwa im TAK Theater in Liechtenstein, in der Kultureinrichtung DoMuS sowie im SAL, dem Saal am Lindaplatz, geradezu ideale Infrastrukturen, welche regelmässig Schauplatz einheimischer, regionaler und internationaler Programme sind.

Menschen aus aller Herren Länder leben in Schaan, das trotz dieser Internationalität den Reiz und die Qualität einer intakten Dorfgemeinschaft bewahrt hat.

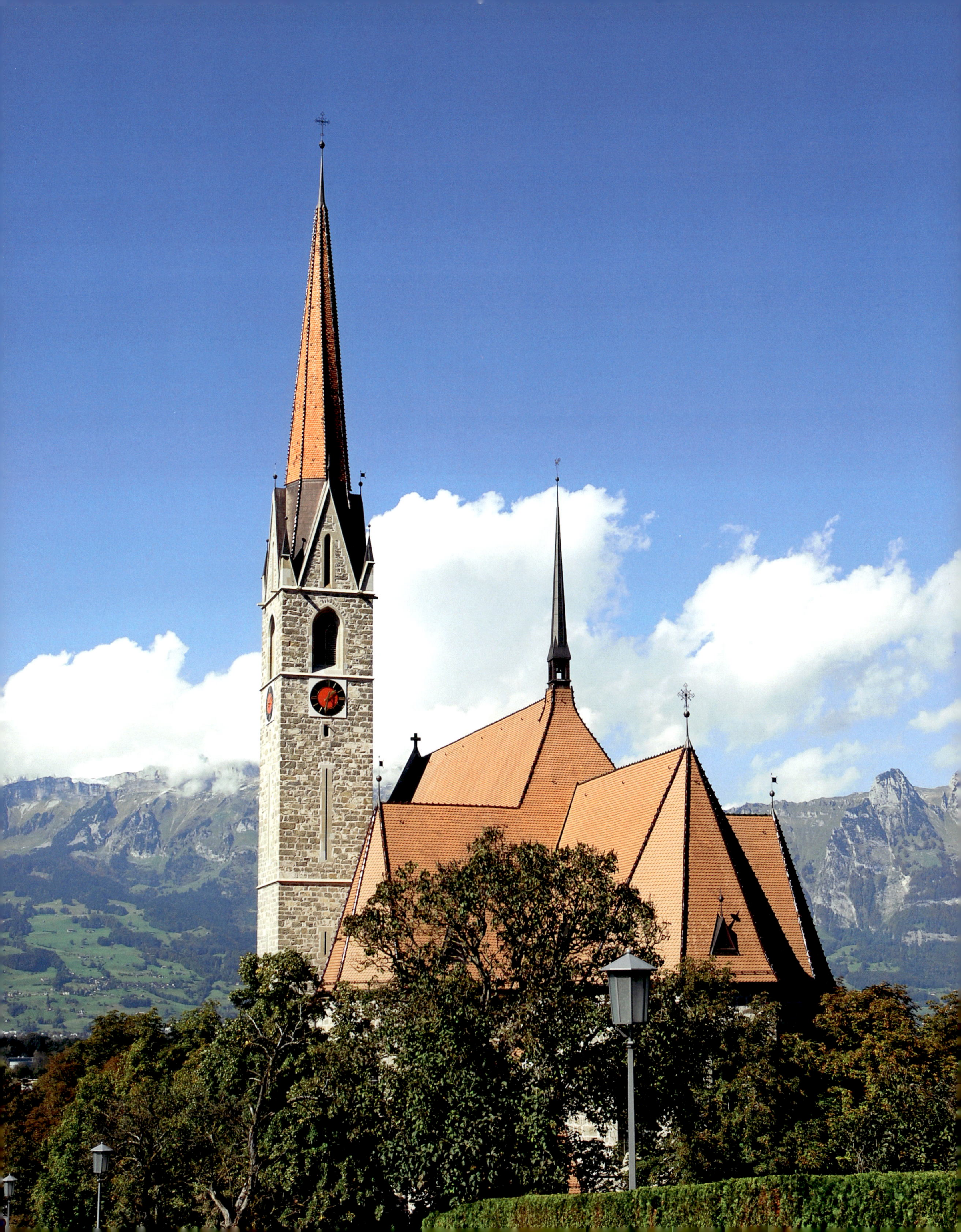

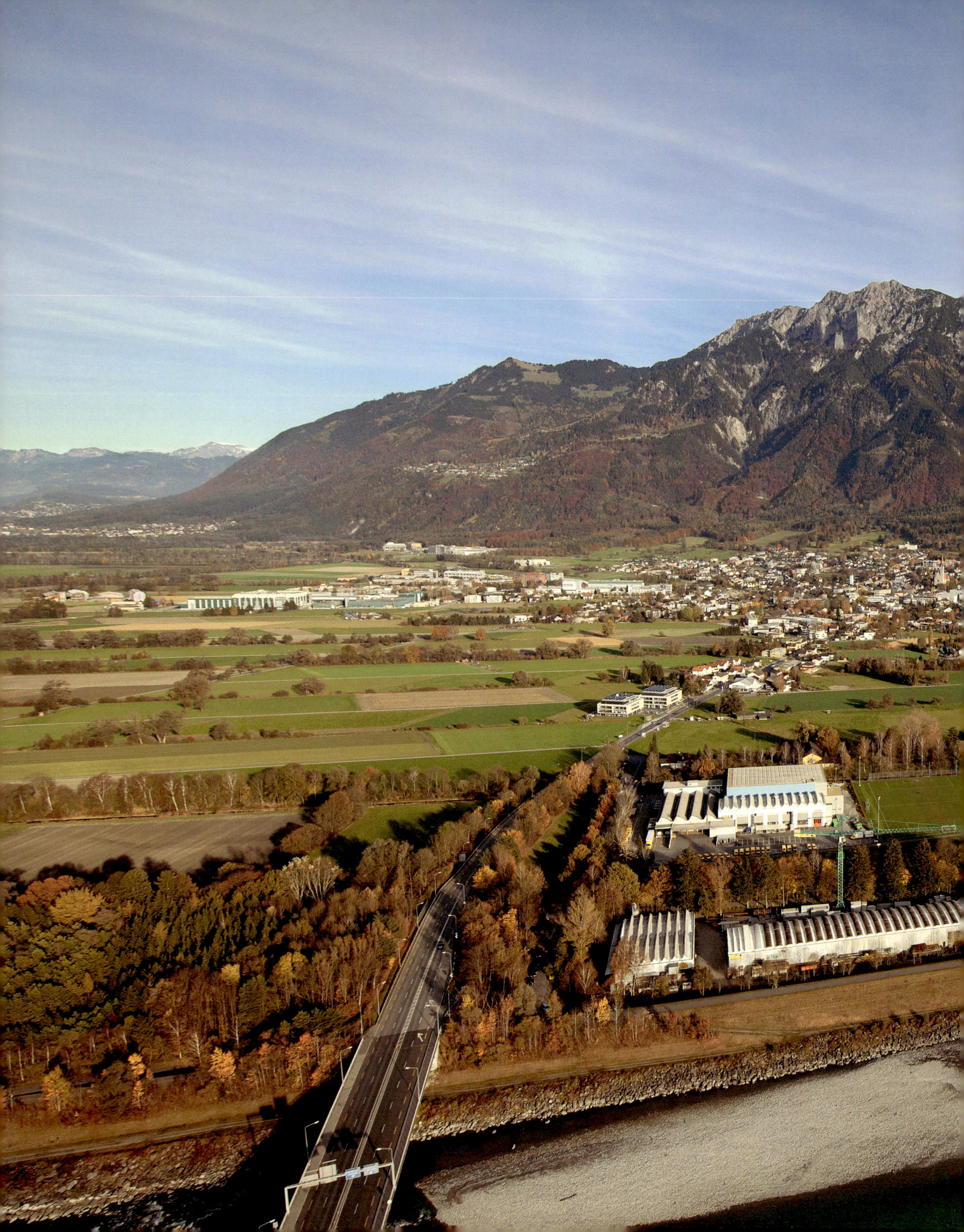

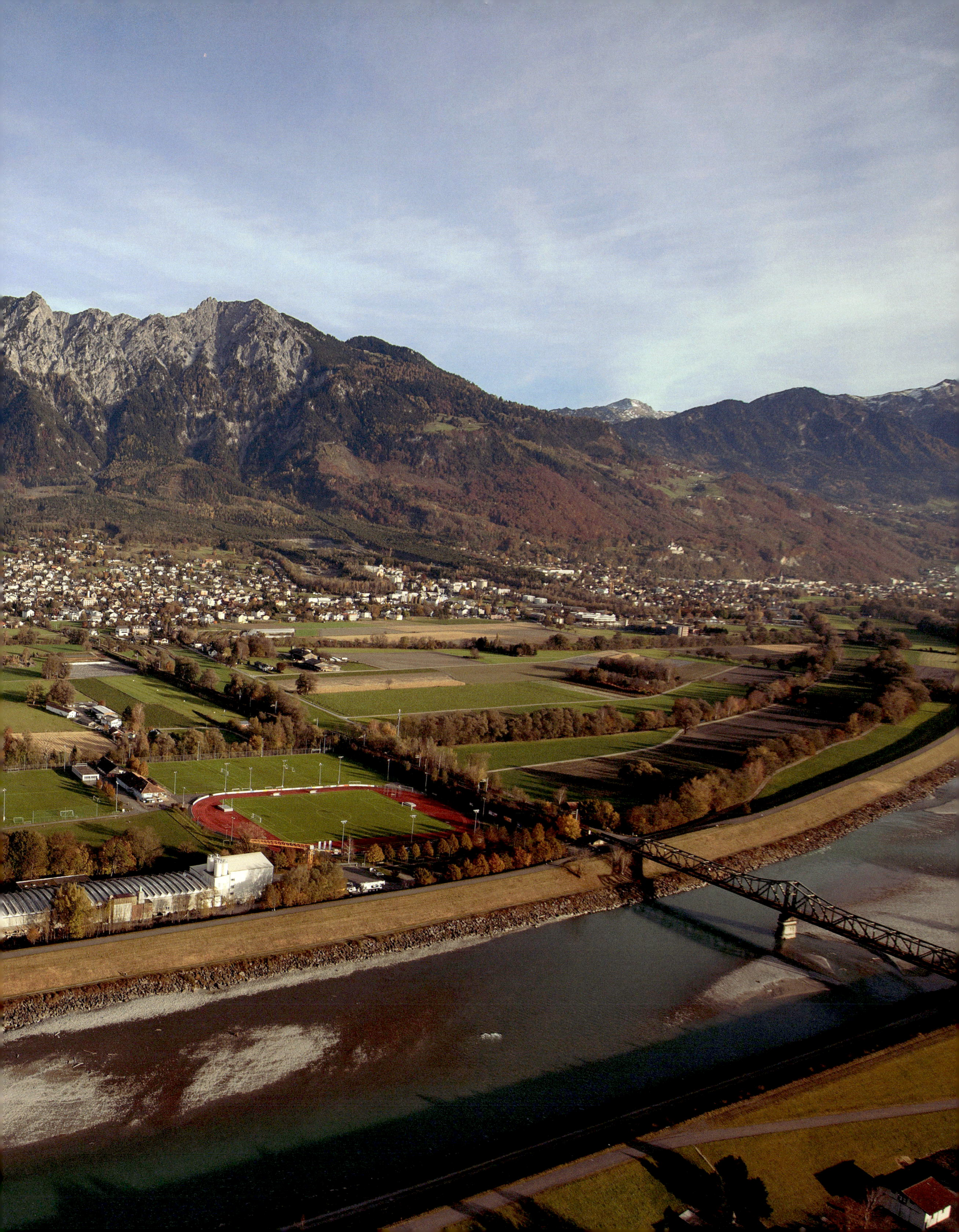

Junge Menschen – gerade sie fühlen sich im lebhaften Schaan besonders wohl.

1985 | Kloster in Schaan, gestaltet von Otto Zeiller.

An der Schnittstelle von Oberland und Unterland ist Schaan Drehscheibe und Verkehrsknotenpunkt Liechtensteins.

Links: Die Schaaner Fasnacht ist weit über die Landesgrenzen hinaus bekannt.

Gamprin-Bendern

1982 | Bendern um 1868. Gemälde von Moritz Menzinger. Gestaltet von Hans Peter Gassner.

Eingebettet zwischen dem Rhein und der Hügellandschaft des Eschnerbergs liegt die Gemeinde Gamprin, welche aus den beiden Weilern Bendern und Gamprin besteht. Nach Schellenberg und Planken ist Gamprin mit einer Gesamtfläche von gut sechs Quadratkilometern sowie einer Bevölkerung von rund 1600 Einwohnern die drittkleinste Gemeinde Liechtensteins. Geschichtlich gesehen gehört Gamprin jedoch zu den Grossen, hat die Gemeinde doch mit dem prähistorischen Fundort «Lutzengüetle» und dem Kirchhügel von Bendern Bedeutendes zu bieten.

Auf dem «Lutzengüetle», dem höchsten Punkt des Eschnerbergs, werden eine jungsteinzeitliche Besiedlung bis 4000 v. Chr. und damit die ältesten Spuren von menschlichem Leben auf dem heutigen Gebiet von Liechtenstein belegt. Wichtig für die ältere und jüngere Landesgeschichte ist der Benderer Kirchhügel. Hier haben am 16. März 1699 die Männer aus dem Liechtensteiner Unterland erstmals dem Fürsten von Liechtenstein die Treue geschworen, hier befand sich ein Kloster und hier haben die Bewohner der Umgebung in Kriegszeiten seit jeher Schutz und Zuflucht gesucht.

Direkt neben der Kirche in Bendern steht der ehemalige Pfarrstall. Er wurde 1998 umfassend renoviert und beheimatet in seinen Räumlichkeiten das 1986 gegründete Liechtenstein-Institut. Dieses Institut ist eine unabhängige wissenschaftliche Forschungsstelle und akademische Lehrstätte, in welcher gezielt auf Liechtenstein bezogenen Fragestellungen nachgegangen wird.

Zunehmend begehrt sind Gamprin und Bendern wegen der besonderen Wohnqualität, der günstigen Verkehrslage und der hervorragenden Infrastruktur der Gemeinde. Dazu gehört nicht zuletzt die attraktive Freizeit- und Sportanlage Grossabünt mit ihrem Badesee und dem vielfältigen Erholungsangebot. Auch in Gamprin haben Industrie und Gewerbe in ihrer rasanten Entwicklung der früher vorherrschenden Landwirtschaft den Rang abgelaufen. Angesiedelt sind die zahlreichen Betriebe mit ihren begehrten Arbeitsplätzen vorwiegend in der verkehrstechnisch hervorragend erschlossenen Rheinebene, die den beiden Ortschaften und dem Eschnerberg südlich vorgelagert ist.

Auf dem Benderer Kirchhügel haben am 16. März 1699 die Männer aus dem Liechtensteiner Unterland erstmals dem Fürsten von Liechtenstein die Treue geschworen.

Der Dorfteil Bendern mit
Blick auf die Schweizer
Nachbarschaft.

1949 | Kirche Bendern,
gestaltet von Josef Seger.

Der Dorfteil Gamprin mit
Blick auf die Schweizer
Kreuzberge.

In den Felsen gehauene
Lourdes-Grotte am Fusse
des Benderer Kirchhügels.

2005 | Oberbendern
und Schwurplatz, gestaltet
von Georg Malin.

Oben: Naherholung
direkt vor der Haustüre
in der Freizeit- und
Sportanlage Grossabünt.

Das Naturschutzgebiet
Gampriner Seelein,
ein Biotop, das 1927 als
Folge einer grossen
Überschwemmung des
Rheins entstanden ist.

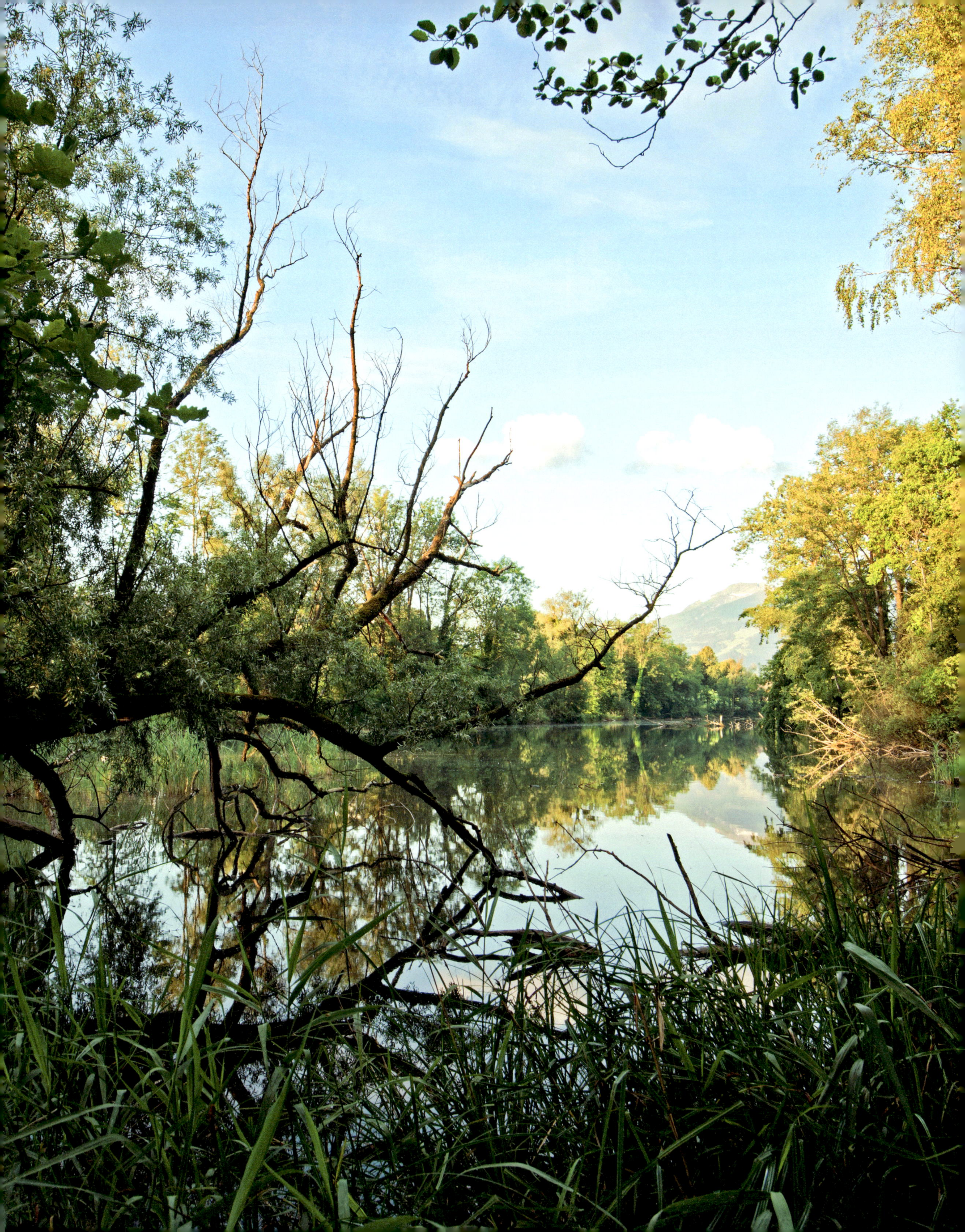

Eschen-Nendeln

1975 | Pfrundbauten Eschen, gestaltet von Georg Malin.

Die Gemeinde Eschen besteht aus den beiden Ortsteilen Eschen und Nendeln, welche sie mit einer Fläche von rund zehn Quadratkilometern und weit über 4000 Einwohnern zur grössten Gemeinde und zum Hauptort des Liechtensteiner Unterlandes machen.

Während sich Eschen in einer geschützten Nische am südlichen Fuss und an den sich darüber erhebenden Hängen des Eschnerbergs befindet, liegt Nendeln auf der anderen Seite eines ausgedehnten Riedlandes am flachen Hangfuss des Drei-Schwestern-Massivs. Das ebene Ried gleichwohl wie der sanfte Eschner- und auch der steile Nendlerberg umgeben das Siedlungsgebiet von Eschen-Nendeln, das an nicht weniger als neun Gemeinden grenzt. Zum Teil bilden diese Gemeindegrenzen gleichzeitig auch die Landesgrenzen zu Österreich und zur Schweiz.

Ihre zentrale Lage, die guten Einkaufsmöglichkeiten und viele Dienstleistungen haben dazu geführt, dass sich Eschen-Nendeln in den letzten Jahren nicht nur als Wohn- und Einkaufsgemeinde, sondern auch als Standort von Unternehmungen entwickelt hat. Bezogen auf die Arbeitsplätze stellt die Gemeinde nach Vaduz und Schaan den drittgrössten Wirtschaftsstandort des Landes dar. Durch Eschen-Nendeln führen wichtige Verkehrsverbindungen vom Raum Vorarlberg nach Liechtenstein und in die Schweiz, so dass die verkehrstechnisch optimal erschlossene Gemeinde sowohl für den Individualverkehr auf dem grenzüberschreitenden Strassennetz wie auch für die öffentlichen Verkehrsmittel Bus und Bahn eine wichtige Drehscheibenfunktion erfüllt. Viele gute Geschäftsadressen befinden sich entlang den stark frequentierten Durchgangsstrassen. Eschen verfügt über ein modernes Dorfzentrum, das Treffpunkt und Begegnungsort für Jung und Alt ist. Um den verkehrsfreien Dorfplatz, auf dem verschiedenste Veranstaltungen stattfinden, gruppieren sich alle öffentlichen Einrichtungen für den täglichen Bedarf.

Sowohl in Eschen als auch in Nendeln führen kulturelle Rundwanderwege durch die schöne Landschaft und zu historisch bedeutsamen Stätten, seien dies in Nendeln die Grundmauern eines römischen Gutshofes, oder in Eschen etwa das mittelalterliche Pfrundhaus sowie die Kapelle Heilig-Kreuz auf dem ehemaligen Richt- und Versammlungsplatz Rofenberg. Auch die Gedenkstätte zur Erinnerung an den Papstbesuch in der Gemeinde verdient Beachtung, ebenso wie die jungsteinzeitlichen Siedlungsplätze Malanser und Schneller.

Die Pfrundbauten in Eschen – ein Ort der Kultur und zugleich Wahrzeichen der Gemeinde.

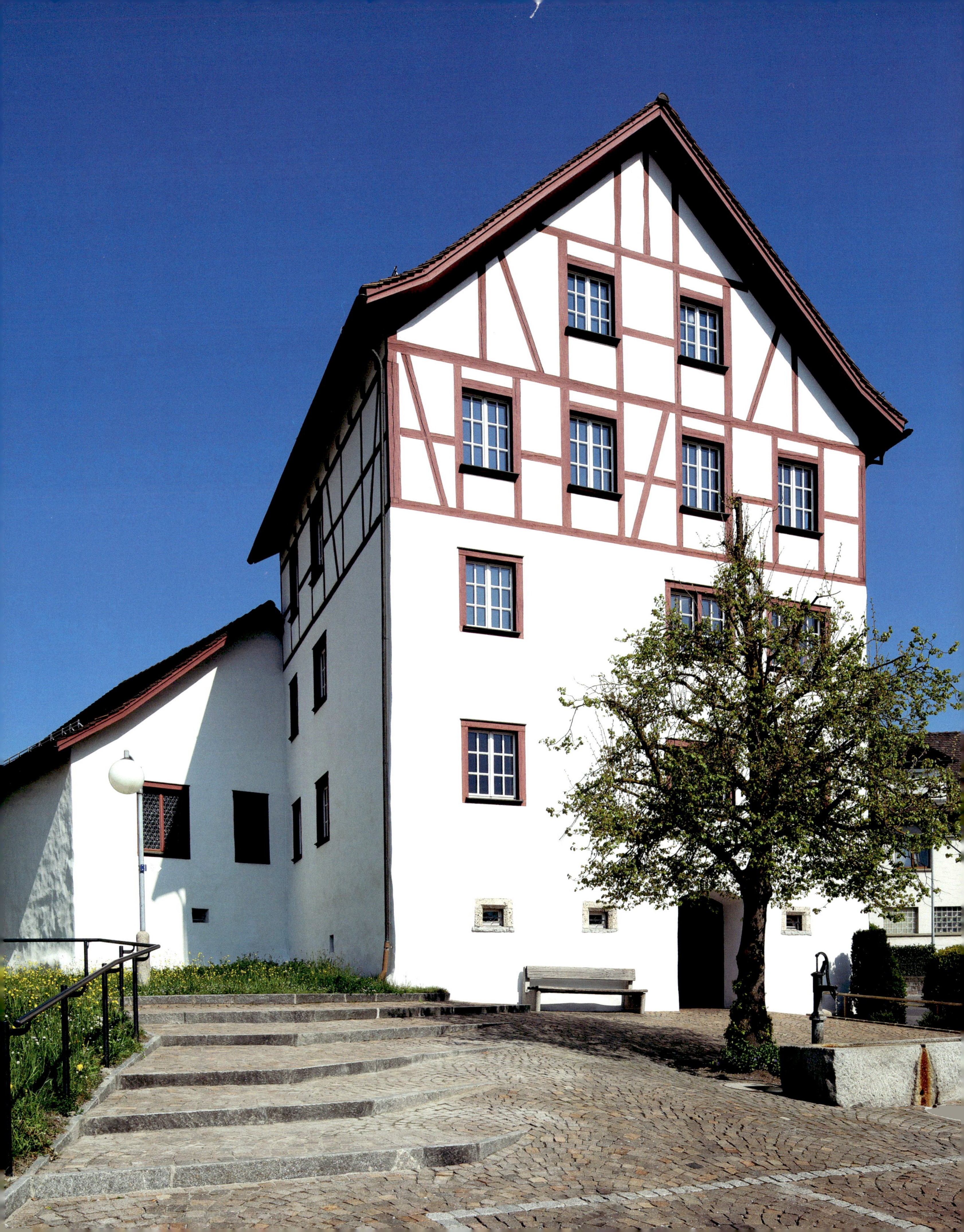

Zähnung Die Briefmarkenbögen werden perforiert, damit die einzelnen Briefmarken leicht herausgetrennt werden können. Dadurch entsteht die Zähnung an den Briefmarkenrändern. Technisch wird zwischen drei Zähnungsarten unterschieden: Kamm-, Kasten- und Linienzähnung. Von Teilzähnung spricht man, wenn die Zähnung an ein bis drei Seiten der Marke fehlt. Zähnungsabarten und -varianten machen Marken zu begehrten Objekten unter Sammlern.

1930 | Kapelle Rofenberg, Eschen, gestaltet von Hermann Kosel. Mit der Zähnung 11½ ist dies eine der teuersten Marken Liechtensteins.

Der Ortsteil Nendeln mit der Kapelle St. Sebastian und Rochus bettet sich idyllisch an den flachen Hangfuss des Drei-Schwestern-Massivs.

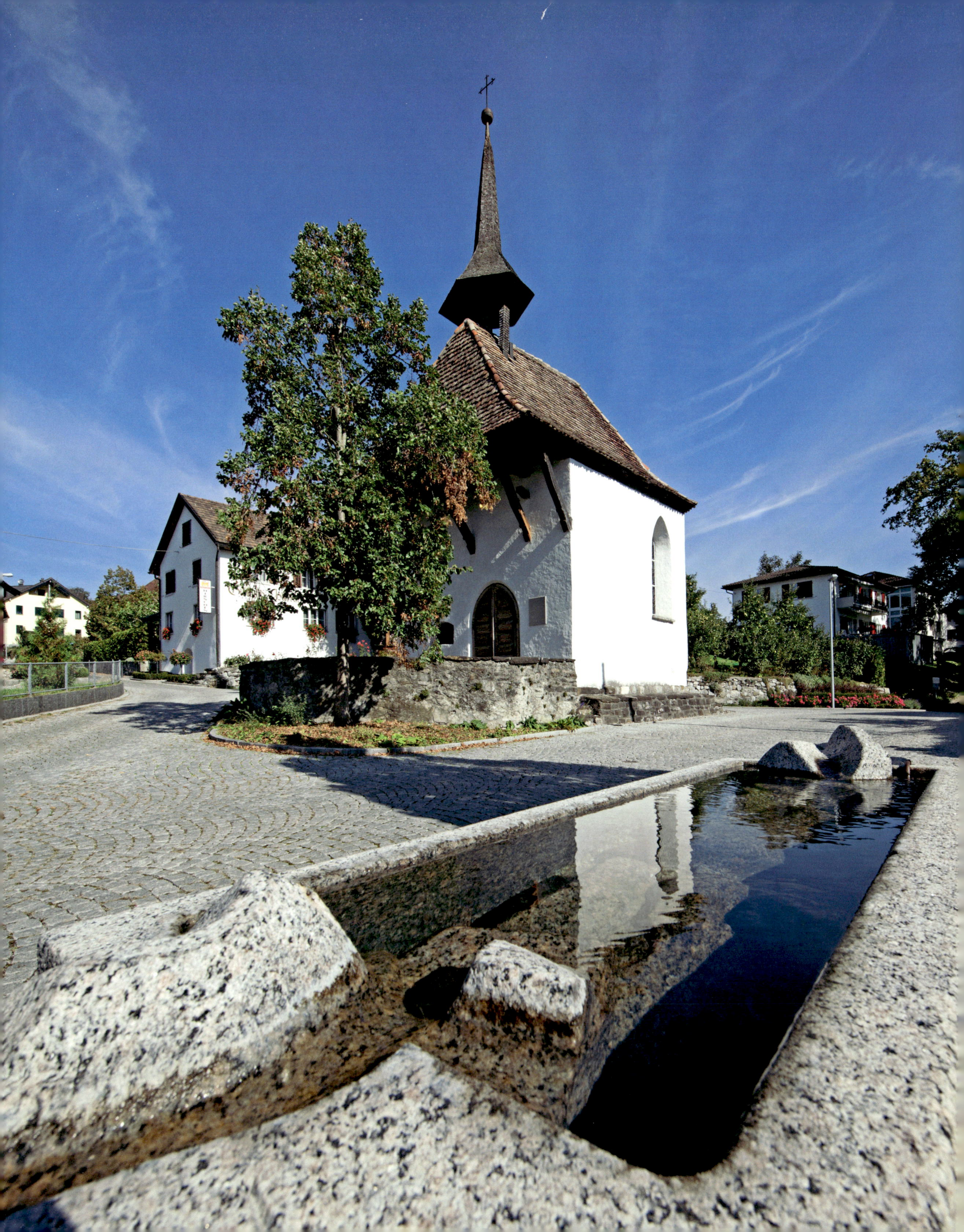

Für hochstehende Jazzkonzerte und feine Keramikkunst sind Eschen und Nendeln über die Grenzen des Landes hinaus bekannt.

1997 | Bahnstation Nendeln, gestaltet von Josef Schädler.

Links: Sportpark Eschen-Mauren mit dem Denkmal zu Ehren des Papstbesuchs im Jahre 1985.

Eschen: Grösste Gemeinde und Hauptort des Liechtensteiner Unterlands.

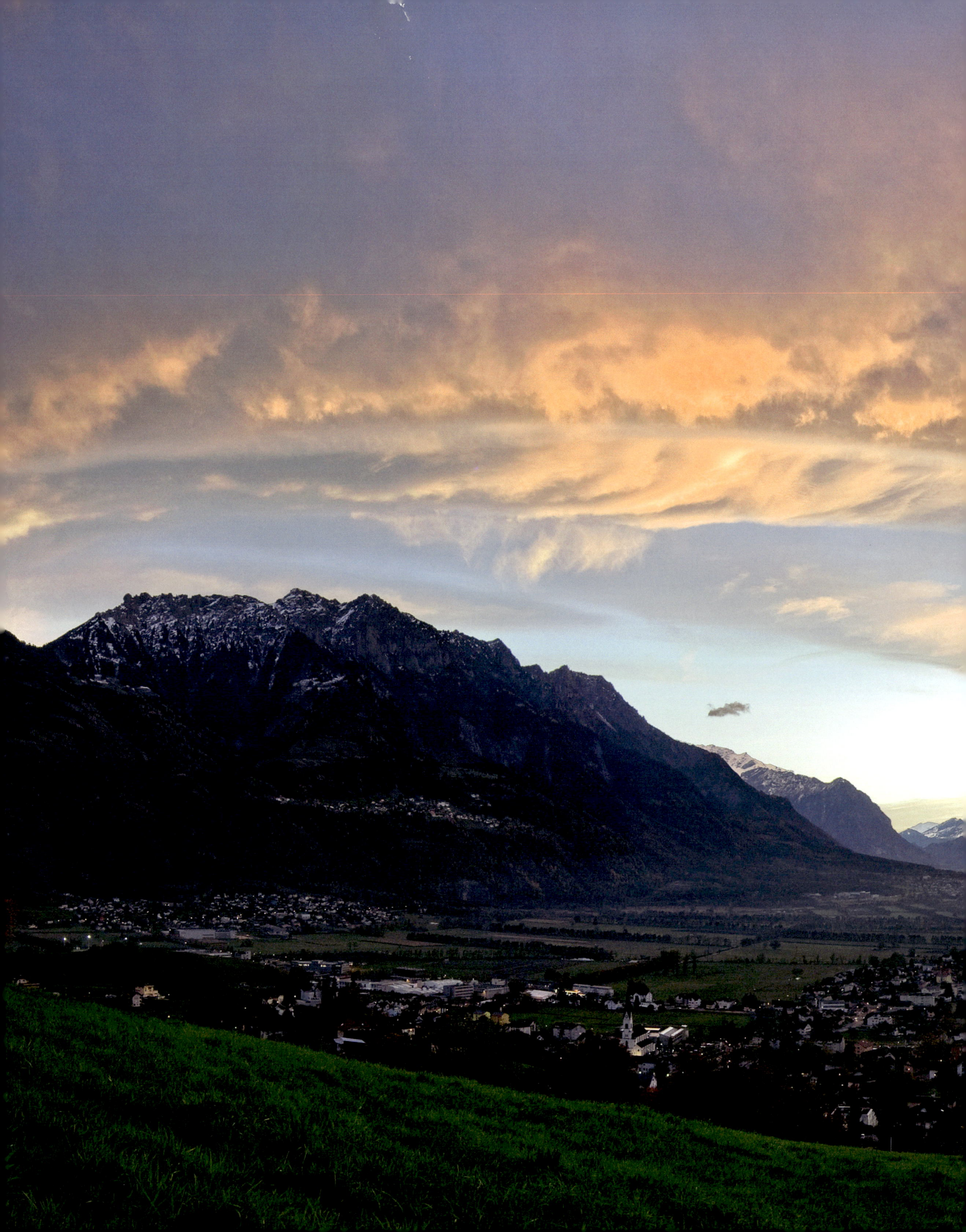

Berg, Tal, Rhein

Der Talraum

2007 | Liechtenstein Panorama. Fotografiert von Marco Nescher, gestaltet von Andy Crestani.

Das Talgebiet umfasst nur rund einen Viertel der Landesfläche. Die heutigen landschaftlichen Verhältnisse sind ohne die Geschichte des Alpenrheins und seiner späten Zähmung nicht zu verstehen. Während der letzten Eiszeit war das Rheintal auf der Höhe von Liechtenstein mit einer über 1000 Meter dicken Eisschicht bedeckt. Nach dem Rückzug der Gletscher vor ca. 17 000 Jahren blieben voralpine Seen zurück. Diese wurden mit Geschiebe des Rheins und seiner Seitenbäche und Rüfen aufgefüllt. In einzelnen Senken entwickelten sich Moore wie beispielsweise das Ruggeller und Maurer Riet. Der Rhein beanspruchte grosse Teile der Talsohle als seine «Spielwiese». Er verlegte seinen Lauf immer wieder. Seine ursprünglichen Prallhänge sind an den Seitenflanken beidseits im Tal noch deutlich im Gelände festzustellen. Der Rhein war seinerseits von Auen und Feuchtgebieten begleitet.

Die Inselberge des Balzner Gutenberges, des Eschnerberges im Unterland sowie die Schultern der markanten Rüfeschuttkegel wie auch die Hochterrassen im Rätikonausläufer waren die ersten geeigneten Siedlungsplätze des Menschen ausserhalb der hier stark wirkenden Naturgewalten. Die Schwemmfächer der Rüfen wurden später siedlungsgeschichtlich bedeutsam und sind heute kulturlandschaftlich wichtig. Sie gehörten in der Regel zu den wenigen ackerbaulich nutzbaren Gebieten. Teilweise ist auch heute noch die frühere ackerbauliche Nutzung anhand von Terrassen in der Landschaft zu erkennen.

Ernsthafte Bemühungen, den Rhein zu begrenzen, fanden im Mittelalter statt, wo versucht wurde, erste wichtige Infrastrukturen wie Fährübergänge sicherzustellen. Endgültig im Griff hat man den Rhein erst seit Ende des 19. Jahrhunderts, als er in ein 120 Meter breites Gerinne mit beidseitigen Dämmen eingezwängt wurde. Der Wildfluss bäumte sich letztmals im Jahre 1927 auf, als bei Schaan ein Damm brach und das Liechtensteiner Unterland überschwemmt wurde. In den 1930er-Jahren hat schliesslich der Bau eines Binnenkanals die systematische Ried-Entwässerung ermöglicht. Die ursprünglich zahlreichen sumpfigen Riedwiesen konnten in eine intensive landwirtschaftliche Nutzung umgewandelt werden. Ihr folgte nach dem Zweiten Weltkrieg eine dichte Besiedlung des Rheintals, die heute einen Drittel des Talraums bedeckt und Ortschaften wie Triesen-Vaduz-Schaan zu einem Siedlungsband entwickeln lässt. Dabei fielen auch die einst prägenden hochstämmigen Obstbaumgürtel rund um die Ortschaften der Überbauung und der Intensiv-Landwirtschaft zum Opfer. Es wird heute versucht, den Rückgang des Obstbaumbestandes zu stoppen und alte traditionelle Sorten wieder anzubauen.

Egal zu welcher Jahreszeit: Der Talraum Liechtensteins wartet stets mit interessanten Einblicken auf.

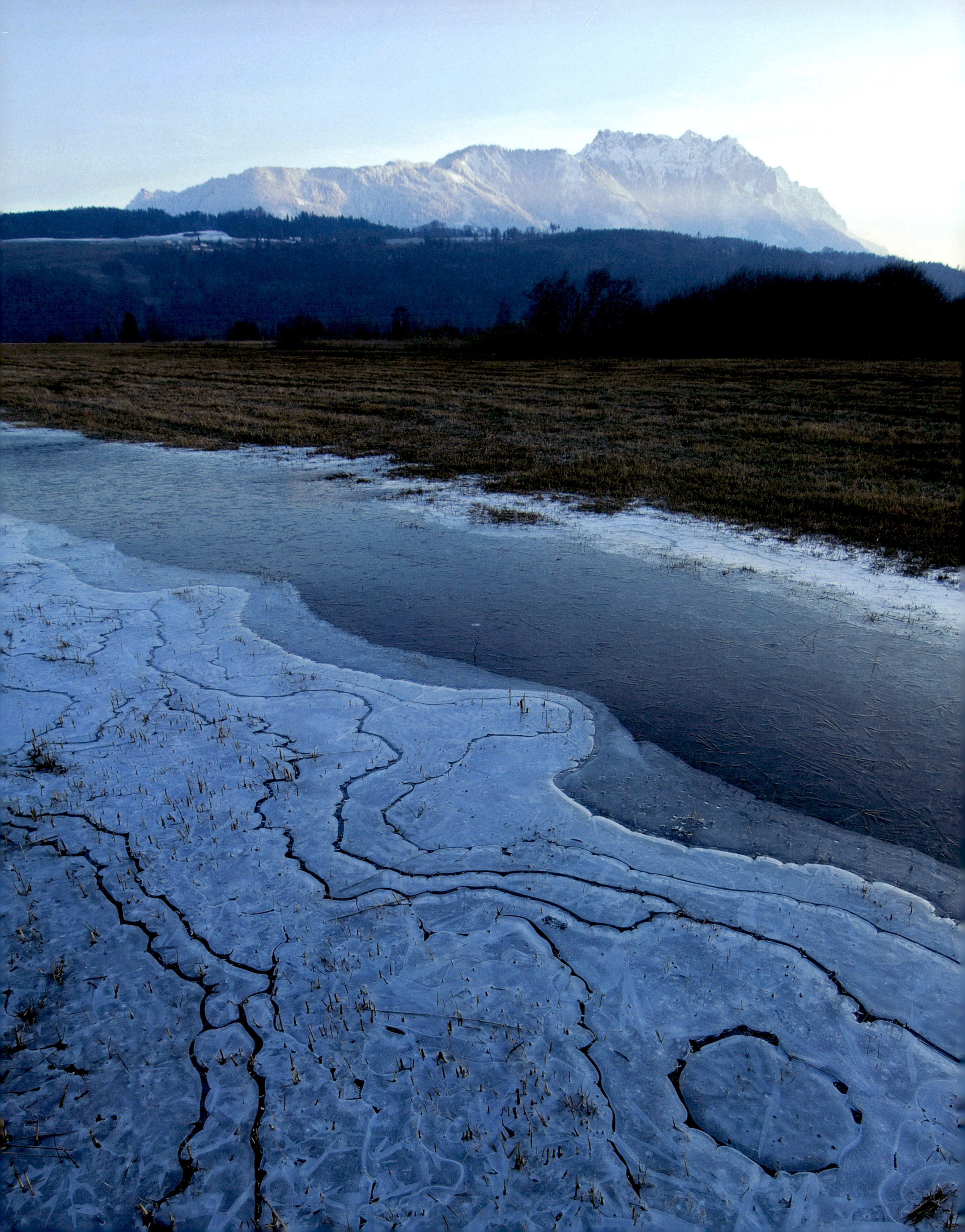

Zwischen Triesen und Balzers befindet sich das Naturschutzgebiet «Heilos», bestehend aus einer Teichlandschaft, umgeben von vielfältigen Uferzonen und naturnahen Waldflächen.

2007 | «Liechtenstein am Alpenrhein». Die Bildvorlagen, geschaffen um 1820 von Johann Louis Bleuler, gehören zu den ersten Stichen von Liechtenstein. Gestaltet von Wolfgang Seidl.

Sich mehr und mehr ausdehnende Siedlungsräume beherrschen das Rheintal des 21. Jahrhunderts.

Landschaftsmotive

Die ersten Landschaftsmarken entstanden 1920, als das Konsortium, eine private Firma, beauftragt war, die liechtensteinischen Briefmarken zu produzieren. Bemerkenswert sind die Marken, die zur Rheinnot von 1927 herausgegeben wurden. Abgebildet wurde keine landschaftliche Idylle, sondern das überflutete Rheintal. 1930 und 1944 erschienen viel beachtete Briefmarkenserien mit Landschaften bzw. Dorfansichten. Als Meisterwerke der Landschaftsmarken gelten die ab 1959 von Josef Seger geschaffenen ländlichen Motive. Auch in den folgenden Jahrzehnten wurden immer wieder Landschaftsmotive dargestellt. So gestaltete Josef Schädler ab 1989 die mehrteilige «Berg-Serie». 2004 erschien erstmals die Briefmarkenserie «Liechtenstein von oben», gestaltet von Sabine Bockmühl und Bruno Matt (Fotos). In jüngster Zeit wurden eindrückliche Landschaftsmarken auf der Grundlage von Panoramafotos von Josef Heeb und Marco Nescher ausgegeben. Aufgrund dieser abwechslungsreichen Geschichte gelten Landschaftsmotive als typisch für die liechtensteinische Philatelie.

Während der Rhein das Tal über Jahrtausende stets fest im Griff hatte, präsentiert er sich seit Ende des 19. Jahrhunderts eingepfercht zwischen Dämme, die seinen Lauf kontrollieren und dem Umland Sicherheit gewähren.

2010 | «Liechtenstein-Panorama». Fotografiert von Josef Heeb, gestaltet von Stefan Erne.

Berggebiet

2012 | Pfälzer Hütte. Gemeinschaftsmarke Deutschland-Liechtenstein. Gestaltet von Corinna Rogger, nach einer Fotografie von Meinrad Büchel.

Rund ein Drittel der Landesfläche umfasst der inneralpine Raum hinter der Rheintalwasserscheide. Sein tiefster Punkt liegt im Falleck an der Vorarlberger Grenze auf 890 Meter, die Grauspitze im Süden an der Bündner Grenze ist mit 2599 Meter die höchste Erhebung des Landes. Der weitere Gebirgskranz erreicht Höhen um 2500 Meter und wirkt mit seinen Gebirgsstöcken und eingebetteten Alpen ausgesprochen alpin.

Den schönsten Willkommgruss bietet aus der Bodenseegegend der vorgelagerte Rätikon-Ausläufer und Dolomitstock der Dreischwestern. Ihn durchquert der berühmte «Fürstensteig». Er ragt aus dem Blickwinkel des nördlichen Alpenrheintals steil und weit in das Alpenrheintal hinein und bildet ein landschaftliches Markenzeichen des kleinen Landes. Das Gegenstück des vegetationsfeindlichen Dolomites findet sich im Tal in Form der sehr grossen Rüfeschuttkegel. Aus diesem Blickwinkel erlebt sie der Betrachter beim Näherkommen als markant schiefe Ebenen, die von der Talsohle weit hinauf bis in den Gebirgshang reichen.

Der zweite Gebirgs-Höhepunkt präsentiert sich auf dem Weg von Vaduz nach Triesenberg ins Alpengebiet. Vorerst wird dabei einer der zehn grössten Bergstürze der Alpen, wo nach der Eiszeit rund eine halbe Milliarde Kubikmeter Fels herunterfielen, durchquert. Der Bergsturz produzierte eine «bucklige Welt», bot aber in seinen Sackungsmassen Platz für menschliche Nutzungen am Triesenberg. Oberhalb dieser Ortschaft fährt man üblicherweise durch den 1947 erstellten Strassentunnel in die alpine Bergwelt. Es ist aber auch möglich, den kleineren, Ende des 19. Jahrhunderts gebauten Tunnel noch weiter oben zu benutzen. Durch beide führt der Weg von der wärmebetonten Rheintalseite in eine andere Welt, die echte alpine Szenerie. Am Fusse liegt die Kulturlandschaft des Steges. Die im Geviert angeordneten einstigen Ställe bilden die Grenze zwischen privater Nutzung und genossenschaftlicher Alp. Vom Steg aus geht es weiter hoch in den einzigen Skiort des Landes, ins Malbuntal. Folgt man hingegen dem Flüsschen, der Samina, in Richtung Norden, bringt die topgrafische Gliederung weitere landschaftliche Schönheiten mit sich. Beidseits der Samina schieben sich auf kurzer Fallhöhe mächtige Schuttkegel von den Hängen ins Tal und markieren die Urgewalten. Die «Psychotop»-Wirkung mit den vielen ästhetischen und ethischen Empfindungen in diesem Raum ist mit ihrer Zivilisationsferne verbunden. Diese Wildnis fordert uns auf, uns für die Erhaltung dieser Naturwerte einzusetzen.

Liechtensteins höchstgelegene Berghütte: Die Pfälzer Hütte auf dem 2108 Meter hohen Bettlerjoch.

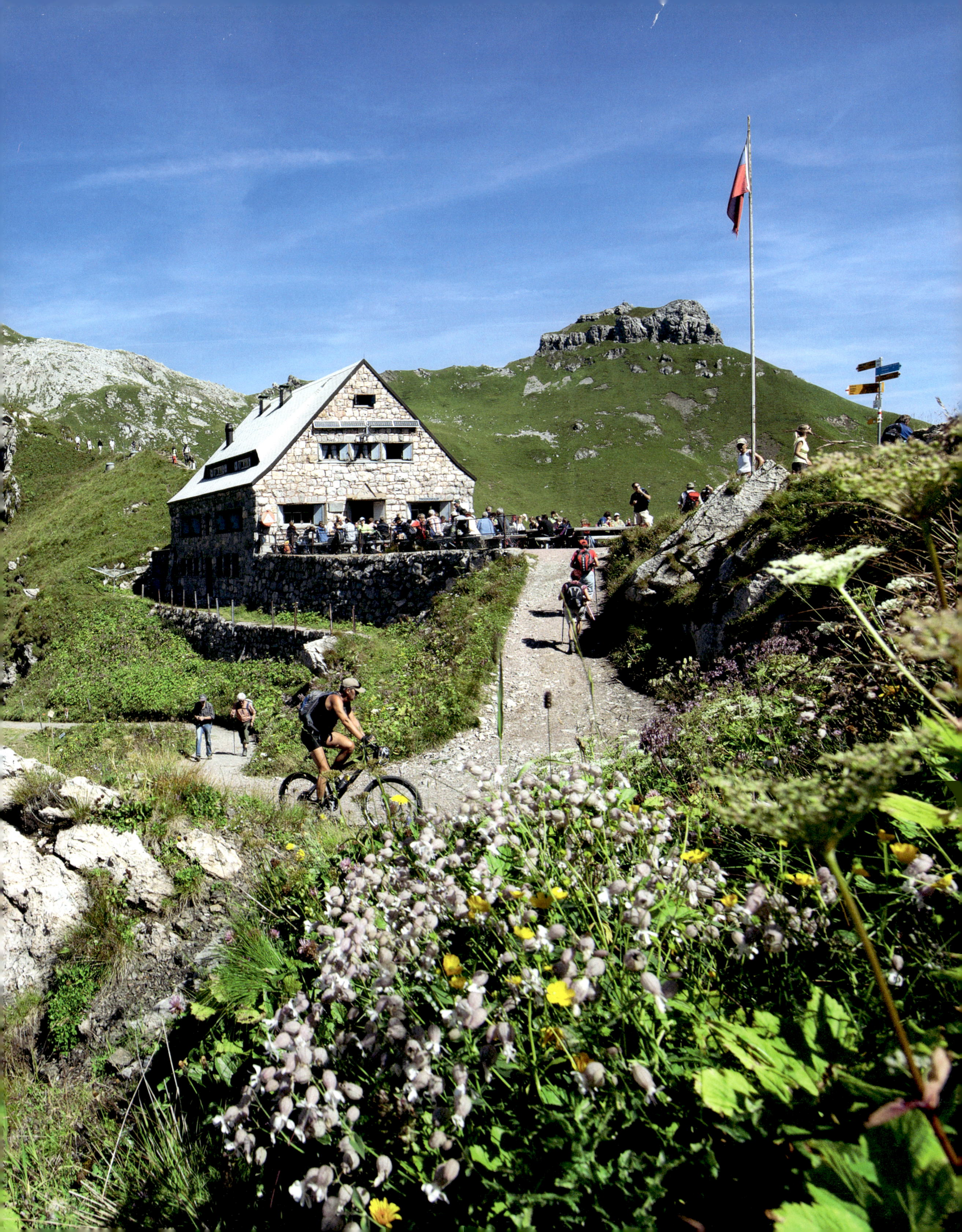

Hermann Kosel Der Wiener Hoffotograf und Künstler Hermann Kosel (1896–1983) war mit Fürst Franz I. und seiner Frau Elsa bekannt. 1930 schuf er eine Reihe von Briefmarken mit insgesamt 14 Motiven, die als «Kosel-Serie» berühmt werden sollte. Die Briefmarken gehören bis heute zu den begehrtesten Sammlerstücken der liechtensteinischen Philatelie. Die Marken wurden erstmals im Ätz- und Rastertiefdruckverfahren hergestellt. Liechtenstein hatte dieses Verfahren zwar nicht erfunden, aber erstmals konsequent und erfolgreich in der Briefmarkenherstellung eingesetzt. Ebenfalls 1930 konnte Hermann Kosel die ersten Liechtensteiner Luftpostmarken entwerfen.

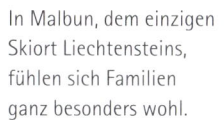

In Malbun, dem einzigen Skiort Liechtensteins, fühlen sich Familien ganz besonders wohl.

1930 | Naafkopf und Kapelle in Steg, zwei Marken aus der 14-teiligen Serie von Hermann Kosel.

Blick vom Bergrestaurant auf dem 2000 Meter hoch gelegenen Sareiserjoch südwärts auf die Ferienhäuser von Malbun und zur Alp Turna am Fuss des Augstenbergs.

Gemeinschaftsmarken

Es kommt immer wieder vor, dass sich nationale Postgesellschaften zusammenschliessen, um eine gemeinsame Briefmarke herauszugeben. Dies kann geschehen, um einem bestimmten Jubiläum besonderen Ausdruck zu verleihen oder einfach, um das gute Einvernehmen zwischen zwei Ländern zu dokumentieren. Liechtenstein ging in der Vergangenheit schon verschiedene solcher Kooperationen ein: mit Costa Rica (1988), China (2005) und mehrmals mit den beiden Nachbarländern Schweiz und Österreich. 2012 stehen erstmals die freundschaftlichen Beziehungen zwischen Liechtenstein und Deutschland im Mittelpunkt einer Gemeinschaftsmarke.

Abendstimmung
auf dem Bettlerjoch mit
Blick von der Pfälzer
Hütte westwärts auf die
einheimische Gebirgs-
landschaft.

2007 | Weidealpe Guschgfiel,
gestaltet von Josef Schädler

Pflanzen- und Tierwelt

Was, das nicht identisch mit dem ist, was in den umgebenden Alpenländern gilt, kann in Bezug auf die Pflanzen- und Tierwelt von einem Land mit einer Fläche von nur gerade 160 km² berichtet werden? Das Besondere an Liechtenstein ist nicht so sehr das Vorhandensein seltener Tier- und Pflanzenarten, sondern vielmehr der auf so kleiner Fläche noch vorhandene Reichtum. Liechtenstein könnte für Mitteleuropa den Eintrag in das Buch der Rekorde bezüglich der Pflanzenarten beanspruchen. Im Raum Balzers gibt es für die österreichischen und schweizerischen Erhebungsquadranten, die über das jeweilige Staatsgebiet hinausreichen, die jeweils höchste Anzahl festgestellter Gefässpflanzenarten für beide Alpenstaaten. Das Fürstentum weist mit 1600 Pflanzenarten die gleiche Artenzahl wie das 16-mal grössere Vorarlberg aus. Warum?

Liechtenstein verdankt diese Vielfalt vor allem drei Faktoren: den erheblichen Berg-Talhöhenunterschieden auf kleinstem Raum, der geographischen Schaltstelle zwischen Churer Becken – Rheintal – Walensee- und Bodenseeraum sowie der Schnittstelle zwischen dem ozeanischen und dem kontinentalen Klima. Das ozeanische Klima wird in Liechtenstein vom Bodensee beeinflusst, das kontinentale von den Zentralalpen her. Diese klimatische Trennlinie lässt sich anhand von zwei Arten gut belegen. Die Arve/Zirbe als kontinentale Nadelholzart berührt gerade noch den liechtensteinischen Alpenraum, die Stechpalme ihrerseits als ozeanische Gehölzart kommt im Alpenrheintal südlich nur bis zum Fläscherberg vor. Wegen dieses Artenreichtums kommen die Alpenwanderer ins Schwärmen, wie dies der Feldkircher Botaniker Josef Murr in den 1920er-Jahren wie folgt ausdrückte: «So gleicht die Alpenflora Liechtensteins einer goldenen, edelsteinbeschmückten Spange, die zwei Enden des weiten, grünen, reichgeblumten Alpenmantels glanzvoll verbindet».

In einem Alpenstaat steht naturgemäss für die Zoologie die Alpentierwelt im Vordergrund. Die grossen «Vier»: das Rotwild, die Gämse, der Steinbock und der Steinadler sind hier heimisch. Weit stärker bedroht als die Bewohner der höheren Lagen ist die Tierwelt des Tales, insbesondere der Feuchtgebiete. Der bestuntersuchte Raum im Land ist das international bedeutsame Naturschutzgebiet Ruggeller Riet nördlich von Ruggell. Im Riet kommt das Moorwiesenvögelchen, ein isoliert lebender Tagfalter vor, der seine nächsten Vorkommen südlich des Lago Maggiore und bei München hat. Er gilt als der bedrohteste Tagfalter Europas und schaffte es schon zweimal auf die liechtensteinische Briefmarke. Dieser Schmetterling ist das eigentliche Flaggschiff der in Liechtenstein vorkommenden Tierarten.

2002 | «Orchideen in Liechtenstein», gestaltet von Regina Marxer.

Jedes Jahr im Frühsommer blüht im Ruggeller Riet die Sibirische Schwertlilie.

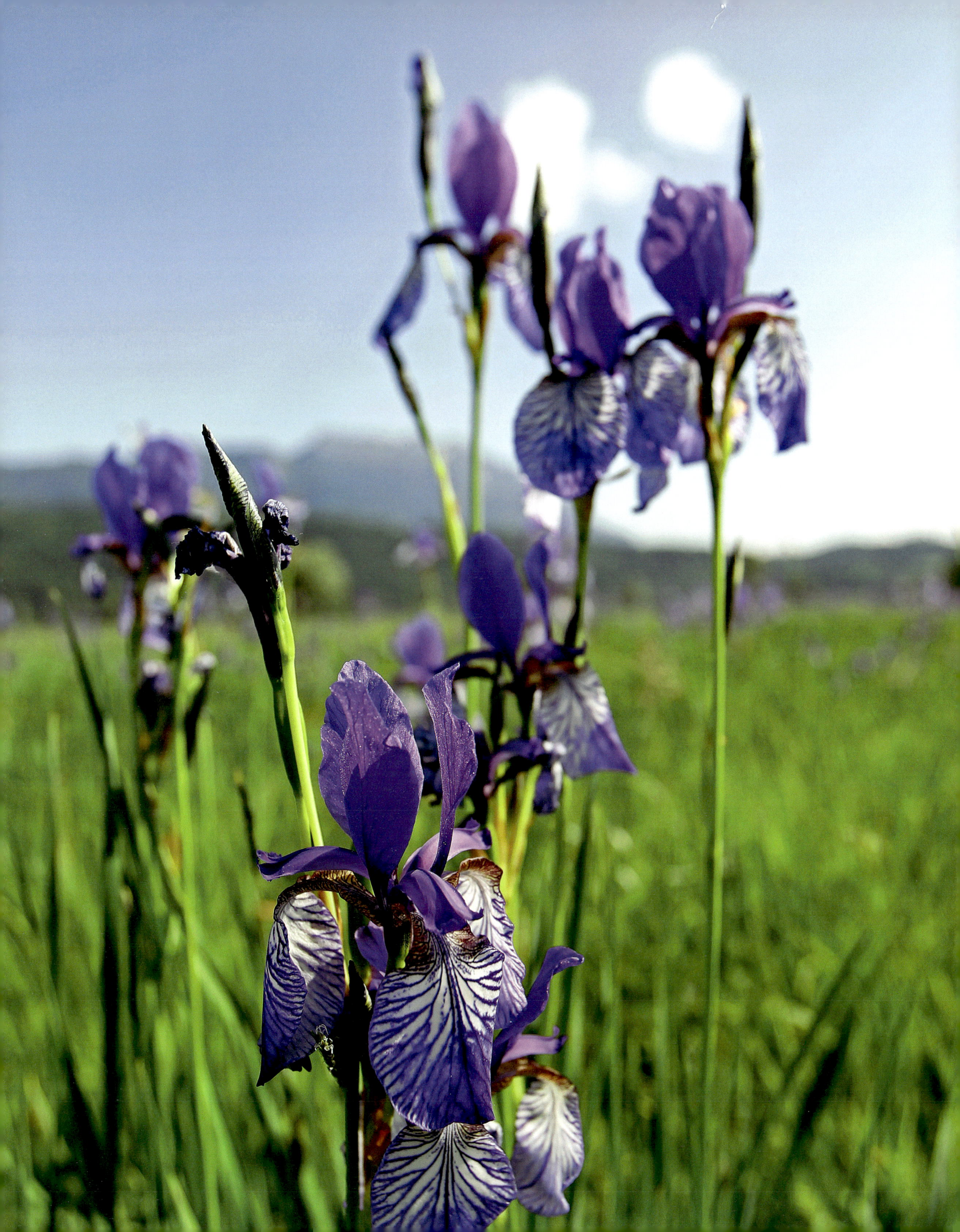

Selbstklebende Marken

Mit der Serie «Schmetterlinge» präsentierte die Philatelie Liechtenstein im Herbst 2009 eine Weltneuheit: Selbstklebemarken mit echter Perforation und Schlitzung auf der Vorderseite. Die Briefmarken lassen sich einfach wie ein Abziehbild vom Bogen lösen. Mit dieser Serie wurde auch erstmals eine Briefmarke komplett in Liechtenstein hergestellt – von der Gestaltung bis zum Druck und zur Perforation.

2009 | «Schmetterlinge», gestaltet von Stefan Erne. Erste Selbstklebemarken aus Liechtenstein.

Feuerlilie und Murmeltier sind zwei, die im Berggebiet Liechtensteins des Öfteren anzutreffen sind.

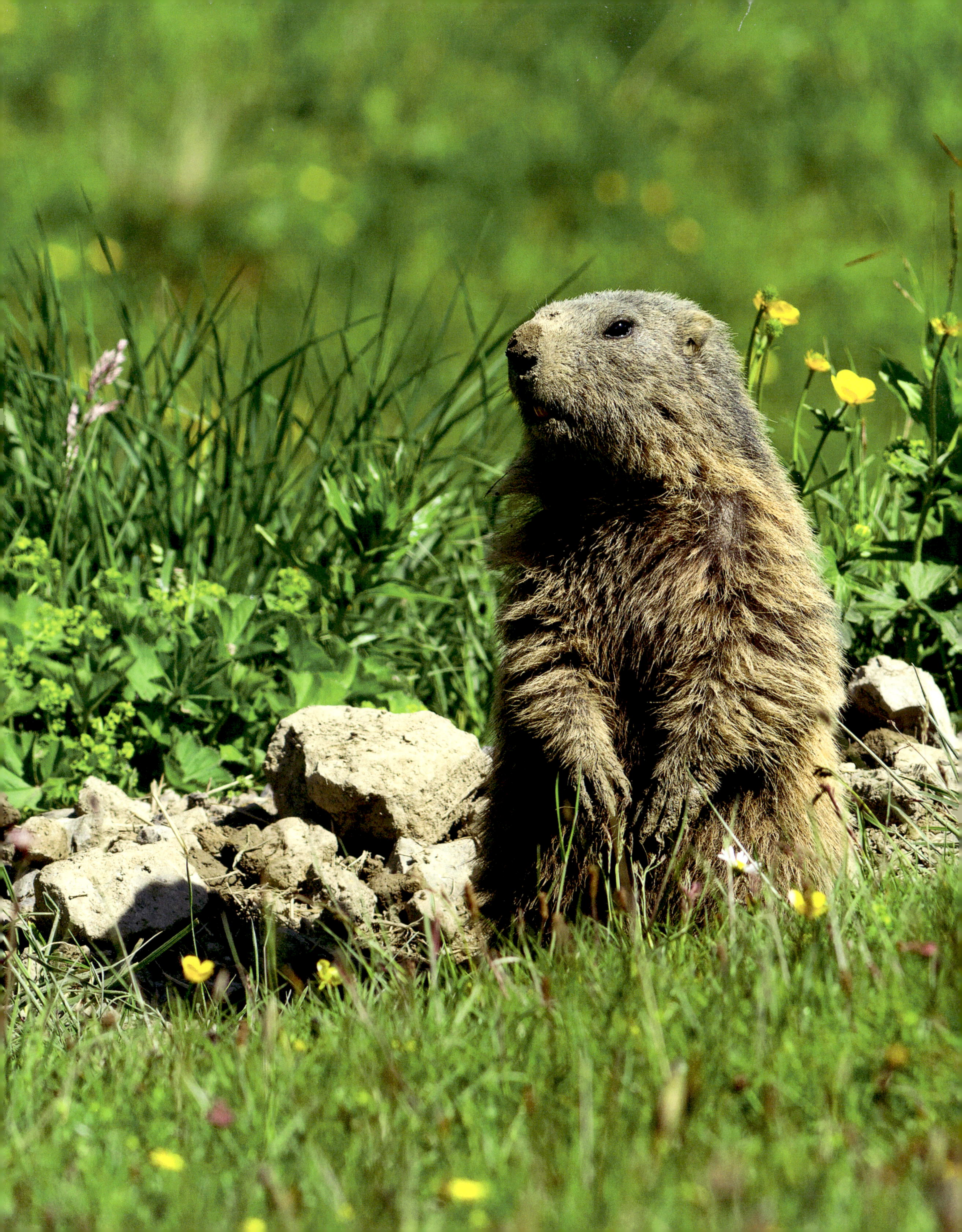

Rund um die höchsten Gipfel Liechtensteins – Falknis (2560 m), Grauspitz (2599 m), Schwarzhorn (2574 m) und Naafkopf (2570 m) – fühlt sich auch der Steinbock heimisch.

Louis Jäger

Louis Jäger, geboren 1930, war Inhaber eines Ateliers für Werbegrafik, Illustration und Ausstellungsgestaltung in Vaduz. Daneben war und ist Louis Jäger als Maler und Karikaturist tätig. Eine Reihe angesehener Grafikerinnen und Grafiker aus Liechtenstein machten bei ihm die Lehre. Jägers erste Briefmarke war die Europamarke 1960. Er hat sich vor allem mit Marken zu Natur- und Landschaftsthemen verdient gemacht.

1987 | «Fische», gestaltet von Louis Jäger.

1947 | Gämse, Murmeltier, Steinadler, gestaltet von Josef Seger.

Sie gehören auch in Liechtenstein zur Tier- und Pflanzenwelt der Alpen: Rehbock und Enzian.

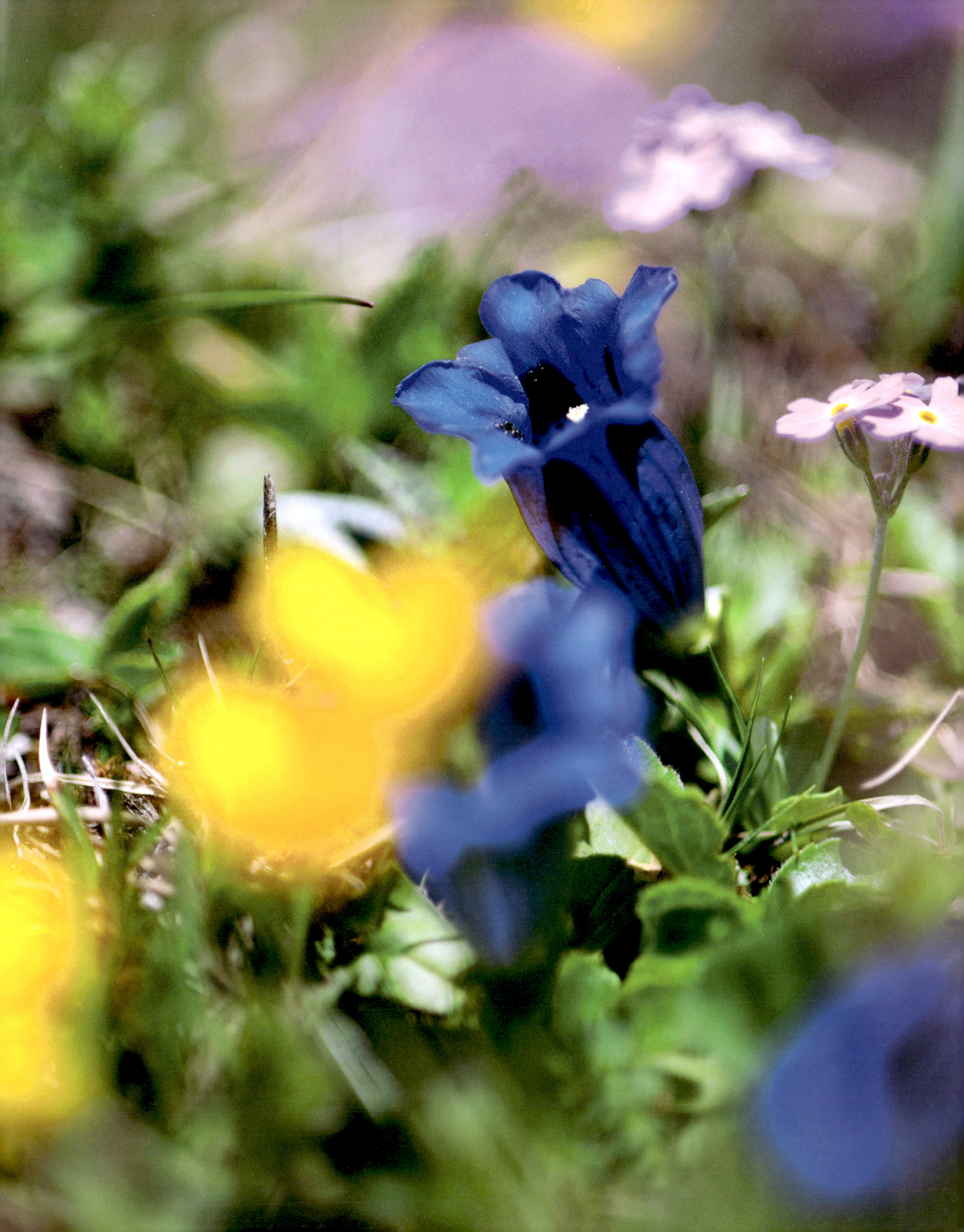

Wald und Waldwirtschaft

43 Prozent der Landesfläche Liechtensteins sind heute wieder mit Wald bedeckt, wozu auch der Krummholzgürtel mit Legföhren und Grünerlen an der Waldgrenze gehört. Diese liegt auf rund 1800 m.ü.M. 1925 verfügte Liechtenstein über einen Waldanteil von nur einem Viertel der Landesfläche, d.h. viele Hanglagen sind seither im Zuge der Extensivierung der Berglandwirtschaft zugewachsen. Oberhalb der 500 Meter-Höhenlinie beginnen in Liechtenstein die Hanglagen. Diese sind rheintalseits und inneralpin in den steilen Lagen grösstenteils bewaldet. Die unteren Lagen bis über 1000 m.ü.M. sind von Natur aus durch Buchenwälder dominiert. Erst in den höheren montanen und subalpinen Lagen werden sie vor allem durch die Fichte abgelöst.

Auch wenn das Waldareal im Vergleich zum offenen Grünland ein noch relativ naturnahes ist, trägt das heutige Waldbild fast überall die Spuren des Menschen. Viele Wälder wurden bis weit in das letzte Jahrhundert hinein nach rein ökonomischen Gesichtspunkten bewirtschaftet. Darum beträgt der Anteil der nicht standortstypischen Baumarten in den natürlichen Laubwaldgebieten ca. 40 Prozent. Es handelt sich dabei mehrheitlich um die Fichte, die als «Brotbaum» der Forstwirtschaft in Monokulturen angepflanzt wurde. Das sind heute zugleich die instabilen Bestände, die bevorzugt von Stürmen geworfen werden.

Liechtenstein hat heute nicht nur mehr Wald, auch der Holzvorrat hat sich massiv erhöht. Er beträgt ca. 2,3 Mio m³, wächst jährlich um die 8,5 m³ pro Hektare zu, d.h. es stehen heute rund 340 m³, im Hochwald gar über 400 m³ pro Hektare. Solche Holzvorräte waren seit 800 Jahren, also seit dem Hochmittelalter nicht mehr zu verzeichnen, dies weil der Mensch den Wald über Jahrhunderte intensiv nutzte, ja übernutzte. Man bedenke dabei, dass früher dem Wald nicht nur Holz entnommen wurde. Der damals aufgelockerte Wald diente auch der Viehweide, es wurden die Waldfrüchte geerntet, die Laubstreu am Boden wurde entfernt. Nach der Aufgabe dieser Nutzungen ist der Wald dunkler und geschlossener geworden.

Der liechtensteinische Wald gehört zu 92 Prozent den Gemeinden oder Genossenschaften, der Privatwald ist nicht verbreitet. Liechtensteins Wald ist überwiegend Schutzwald. Die jährliche Holznutzung beträgt ca. 25 000 m³. Gemäss dem modernen Waldgesetz des Jahres 1991 ist Liechtenstein dem naturnahen Waldbau in der Holznutzung verpflichtet. Darum sind auch alle neun Forstbetriebe seit dem Jahr 2001 mit dem internationalen Gütesiegel FSC zertifiziert, was die nachhaltige Holznutzung bestätigt.

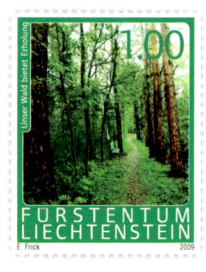

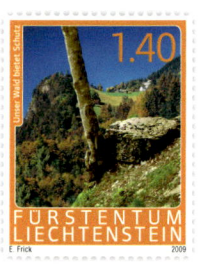

2009 | «Der Wald und seine Leistungen», fotografiert und gestaltet von Ewald Frick.

Buchenbestände dominieren die unteren Lagen der Wälder in ganz Liechtenstein.

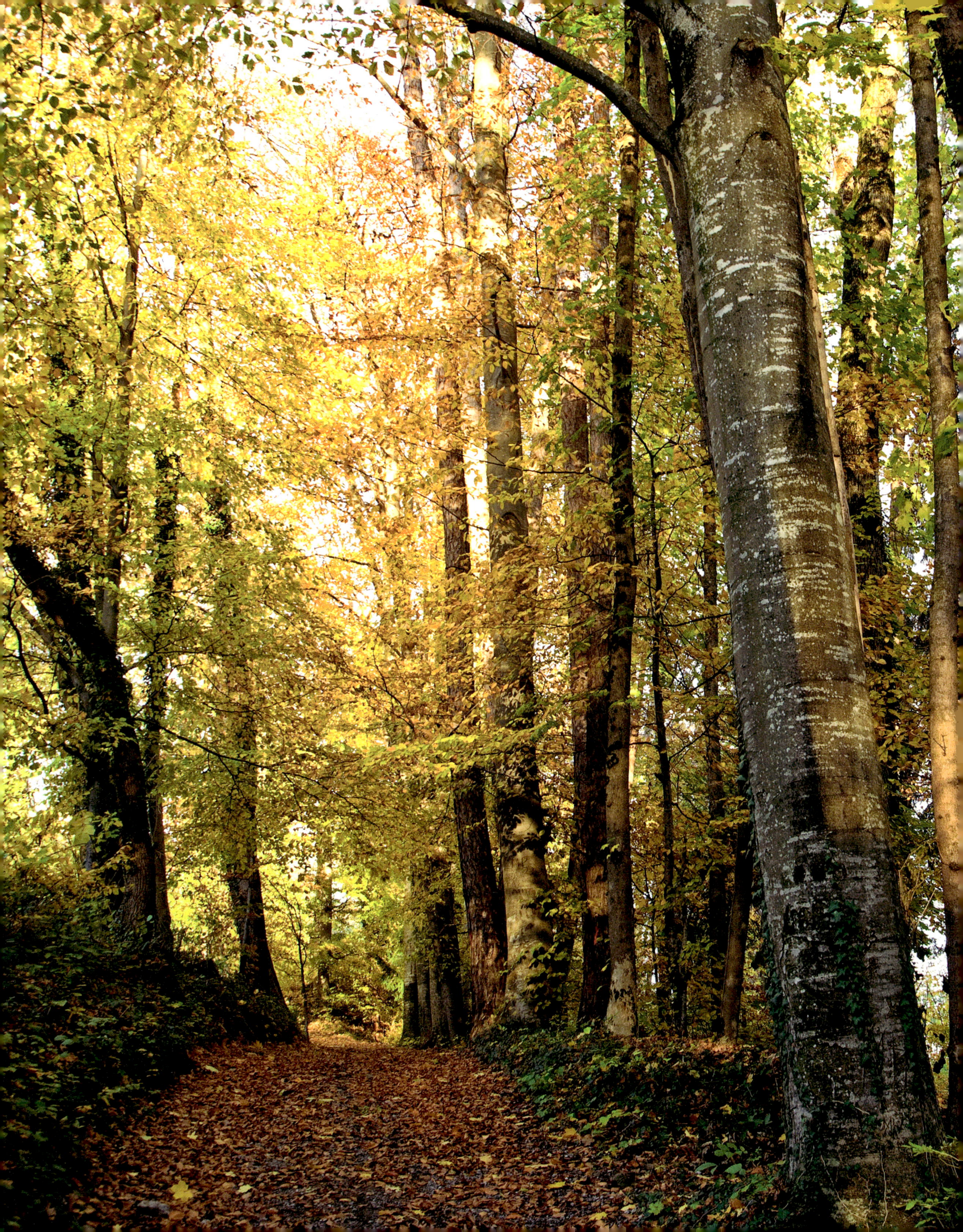

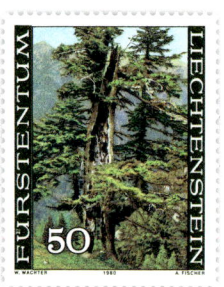

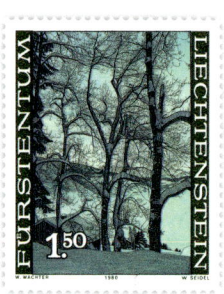

1980 | «Der Wald in den vier Jahreszeiten», fotografiert von Walter Wachter.

Gut 43 Prozent der Landesfläche sind mit Wald bedeckt. Die jährliche Holznutzung beträgt rund 25 000 Kubikmeter.

Naturschutz

2011 | Pirol, aus dem Block «Bedrohte Vogelarten im Fürstentum Liechtenstein», der zum Jubiläum «50 Jahre WWF» erschien. Gestaltet von Stéphanie Keiser auf der Grundlage von Zeichnungen von Jacques Sonderer.

Die Geburtsstunde des liechtensteinischen Naturschutzes ist auf den Beginn des 20. Jahrhunderts zu setzen. Es handelte sich um die mitteleuropäisch wirksame Gegenströmung zur Industrialisierung mit Bedrohung des Naturreichtums. Dieses «Zurück zur Natur» führte 1903 zum Schutz des Edelweisses und anderer Alpenpflanzen. Ein liechtensteinisches Naturschutzgesetz trat 1933 in Kraft, die gültige Neufassung eines Gesetzes zum Schutz von Natur und Landschaft stammt aus dem Jahre 1996 (mit Ergänzung 2000). Während das erste Gesetz eine lange Liste von Tier- und Pflanzenarten unter Schutz stellte, wurde anfangs der 1950er-Jahre der Gedanke vom Liechtensteiner Alpenverein getragen, für den botanischen Artenschutz Pflanzenschutzgebiete auszuweisen. Dies geschah 1952 mit der Deklaration des Malbuntals als Pflanzenschutzgebiet. Das hatte hier auch etwas mit dem aufkommenden Tourismus zu tun.

Mit dieser Sensibilisierung zum Schutz der Alpenpflanzen ebnete sich der Weg für den Biotopschutz. 1961 wurden die beiden ersten Naturschutzgebiete ausgewiesen, das ca. 45 ha grosse Flachmoor Schwabbrünnen-Äscher nördlich von Schaan und das nach der letzten Rheinüberschwemmung 1927 entstandene Gampriner Seelein. Den stärksten Impuls für den Naturschutz erbrachte das durch den Europarat ausgerufene Europäische Naturschutzjahr 1970. In diesem Jahr wurde die Botanisch-Zoologische Gesellschaft Liechtenstein-Sargans-Werdenberg gegründet, welche die naturkundliche Erforschung des Landes seither erfolgreich vorangetrieben hat. Ihr folgte 1973 die Liechtensteinische Gesellschaft für Umweltschutz.

1977 wurde auf Betreiben der staatlichen Naturschutzkommission das erste Naturschutzgutachten ausgearbeitet, welches 1992 als Inventar der Naturvorrangflächen mit Biotop-, Wald-, Landschaftsschutz- und Naturdenkmalinventar ausgeweitet wurde. Ergänzend wurde ein Inventar der Magerwiesen erstellt, für deren Erhalt Prämien ausgeschüttet werden. Damit bestehen geeignete Grundlagen für den Naturschutz mit der nötigen Vernetzung in einem umfassenden Lebensraumverbund.

Im Talraum Liechtensteins sind bisher zehn Naturschutzgebiete mit rund 171 ha ausgewiesen worden. Das 1978 ausgewiesene Reservat im Ruggeller Riet ist international das Bedeutendste. Ihm wurden schon einige Briefmarken gewidmet. Das jüngste Naturschutzgebiet wurde im Jahre 2011 am Matilaberg in Triesen eingerichtet. Auf der Grundlage des Inventars wurden schliesslich im Jahre 2000 innerhalb des Waldareals rund 27 Prozent der Gesamtwaldfläche als Waldreservate ausgeschieden.

Bisher sind im Talraum Liechtensteins insgesamt zehn Naturschutzgebiete ausgewiesen worden.

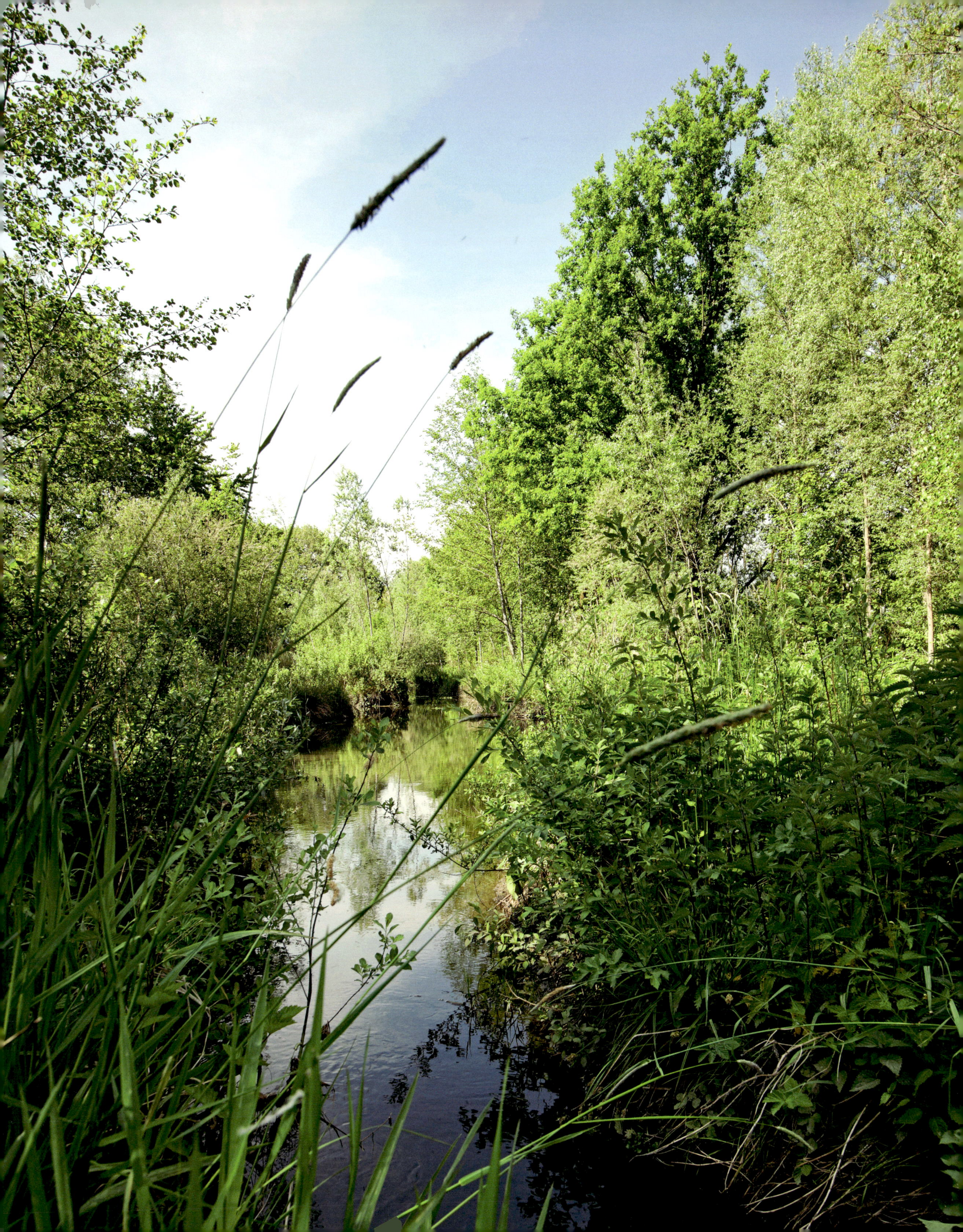

Seit 1962 unter Naturschutz: Das Flachmoor Schwabbrünnen-Äscher zwischen Schaan und Nendeln.

1989 | «Kleinfauna»,
gestaltet von Louis Jäger.

Leben in
Liechtenstein

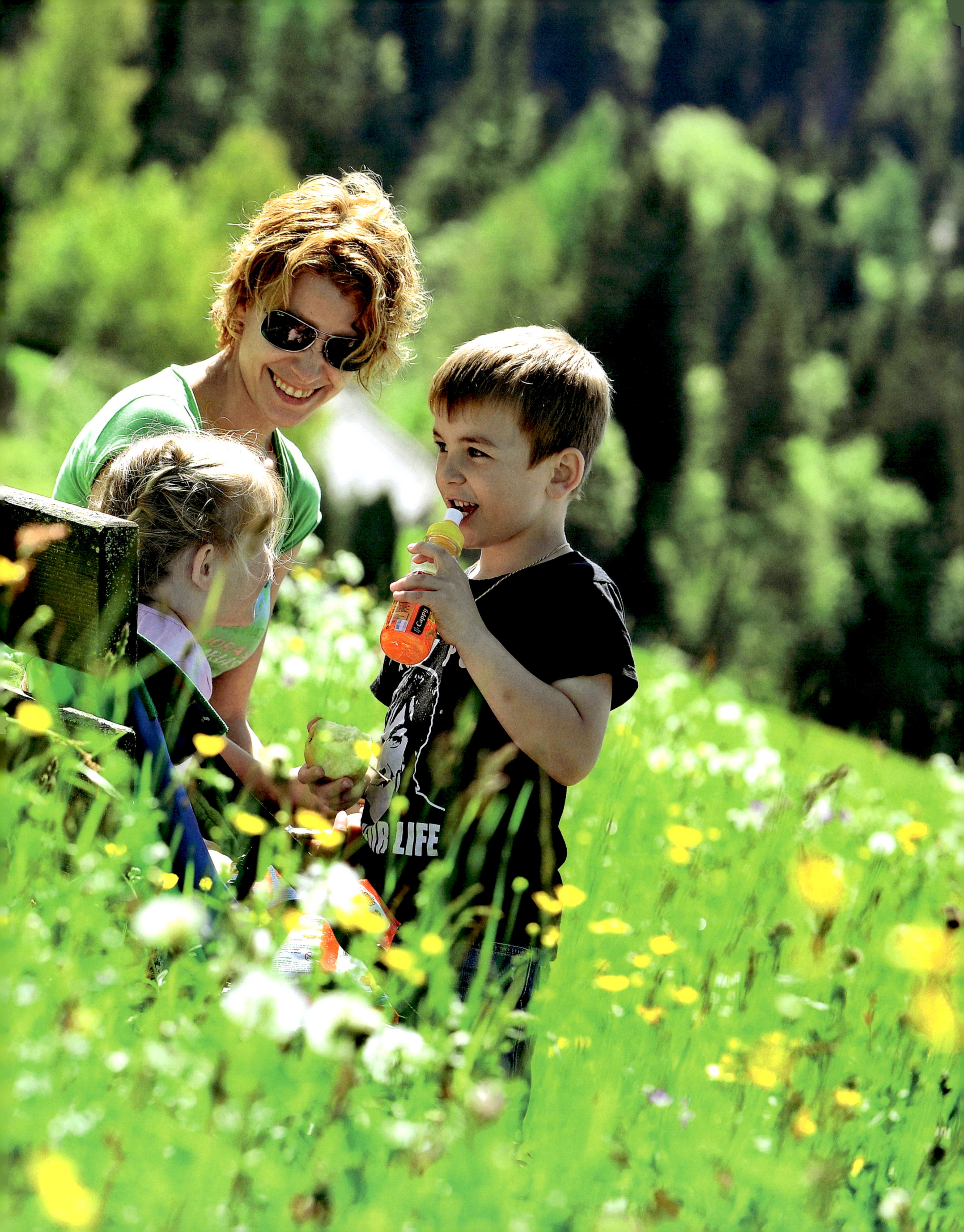
LIFE

Freizeit und Sport

«Damit hundert Menschen ihren Körper bilden, ist es nötig, dass fünfzig Sport treiben. Damit fünfzig Menschen Sport treiben, ist es nötig, dass zwanzig sich spezialisieren. Damit sich aber zwanzig Menschen spezialisieren, ist es nötig, dass fünf zu überragenden Gipfelleistungen fähig sind.» Dieses Zitat von Pierre de Coubertin, dem Gründervater der Olympischen Spiele, verdeutlicht in anschaulicher Art und Weise den Zusammenhang von Sport und Freizeit und die Bedeutung des Spitzensportes auf den Breitensport und somit auf die Freizeitgestaltung.

Nicht grundlos nimmt die Sportberichterstattung bei den TV-Stationen weltweit eine tragende Rolle ein. Menschen suchen Idole, auf die sie aufschauen können. Oft werden solche Idole im Sport gefunden, weshalb die Zuschauerresonanz vor den Bildschirmen überproportional hoch ist. Menschen versuchen diesen Idolen nachzueifern.

Welcher Skibegeisterte möchte nicht Ski fahren können wie Marco Büchel? Welcher Tennisfan möchte nicht Tennis spielen können wie Roger Federer? Welcher Fussballer möchte nicht dribbeln können wie Lionel Messi? Diese Beispiele liessen sich beliebig erweitern. Gerade diese Idole sind es, die die Menschen und speziell auch die Jugend veranlassen, ihre Freizeit mit sportlichen Aktivitäten zu füllen. Spitzensport fördert eigenes sportliches Engagement, weshalb im Spitzensport das Fundament für den Breitensport zu finden ist. Breitensport ist die überwiegende Freizeitaktivität der Menschen, weshalb Sport und Freizeit eng miteinander verbunden sind. Auch wenn die Breitensportler nie die Fähigkeiten der Spitzensportler erreichen, sind doch die besten der Welt einer Sportart die Antriebsfeder zu üben, zu trainieren und somit sich in der Freizeit sportlich zu betätigen.

Liechtenstein bietet modernste Sportanlagen. Diese sind die Grundlage dafür, dass die Bevölkerung ihren sportlichen Interessen nachgehen kann und ihre Freizeit mit sportlichem Engagement füllt. Die Aufgabe von Land und Gemeinden ist es, diese Anlagen ständig auf dem modernsten Stand zu halten, denn sie bilden die Grundlage dafür, dass Liechtenstein in Zukunft neue Skirennfahrer wie Marco Büchel, Schwimmerinnen wie Julia Hassler und Ausdauersportler wie Nicole Klingler erhält, welche die Jugend als Idole wahrnehmen und somit der Kreislauf nach Idolen, nach dem Streben an den Besten wieder von Neuem in Gang gesetzt wird und die Bevölkerung überwiegend Sport für ihre Freizeitgestaltung auserwählt.

1954 | Sportmotive «Fussball», gestaltet von Josef Seger.

Im Rheinpark Stadion zu Füssen von Schloss Vaduz sind nicht selten die ganz grossen Nationen des europäischen Fussballs zu Gast.

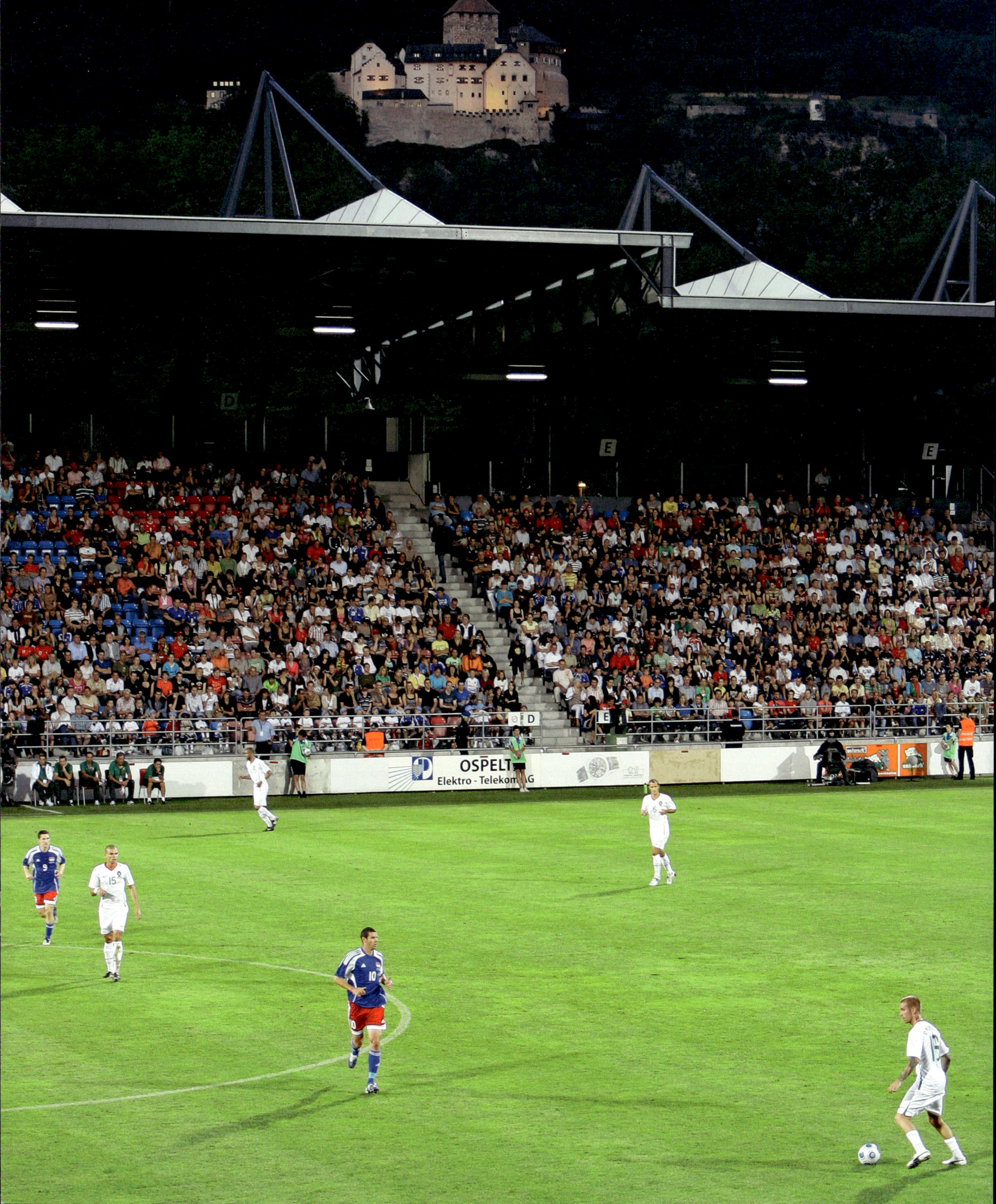
OSPELT
D
E

Der Rheindamm zwischen der südlichsten Gemeinde Balzers und der nördlichsten Gemeinde Ruggell ist wohl Liechtensteins beliebteste Naherholungszone. Auf seiner Krone begegnen sich Fahrradfahrer, Inlineskater, Jogger und Spaziergänger.

Sportmotive

Es gibt vergleichsweise viele liechtensteinische Briefmarken mit einem Sportmotiv. Erstmals wurden 1954 zur Fussball-Weltmeisterschaft in der Schweiz Sportbriefmarken ausgegeben. Diese erste Sportserie, gestaltet von Josef Seger, ist bis heute eine der eindrucksvollsten. Weitere Sportserien folgten zwischen 1955 und 1958 zu Themen wie Ski- und Bergsport, Leichtathletik und Turnen. Damit war der Sport als beliebtes Briefmarkenmotiv etabliert.

2011 | «Kleinstaatenspiele in Liechtenstein», gestaltet von René Michlig.

Olympia 1980

Der Einmarsch der (damaligen) Sowjetunion in Afghanistan an Weihnachten 1979 führte dazu, dass viele Staaten, vor allem westliche und islamische, den Olympischen Sommerspielen 1980 in Moskau fernblieben. So auch Liechtenstein. Die Briefmarken, die aus Anlass der Sommerspiele hergestellt worden waren, wurden nicht ausgegeben, sondern vernichtet. Einige Exemplare aus unseriösen Quellen sind jedoch in jüngster Zeit auf Auktionen aufgetaucht, fanden aber keine Käufer.

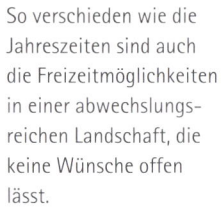

1979 | «Olympische Winterspiele in Lake Placid», gestaltet von Bruno Kaufmann.

So verschieden wie die Jahreszeiten sind auch die Freizeitmöglichkeiten in einer abwechslungsreichen Landschaft, die keine Wünsche offen lässt.

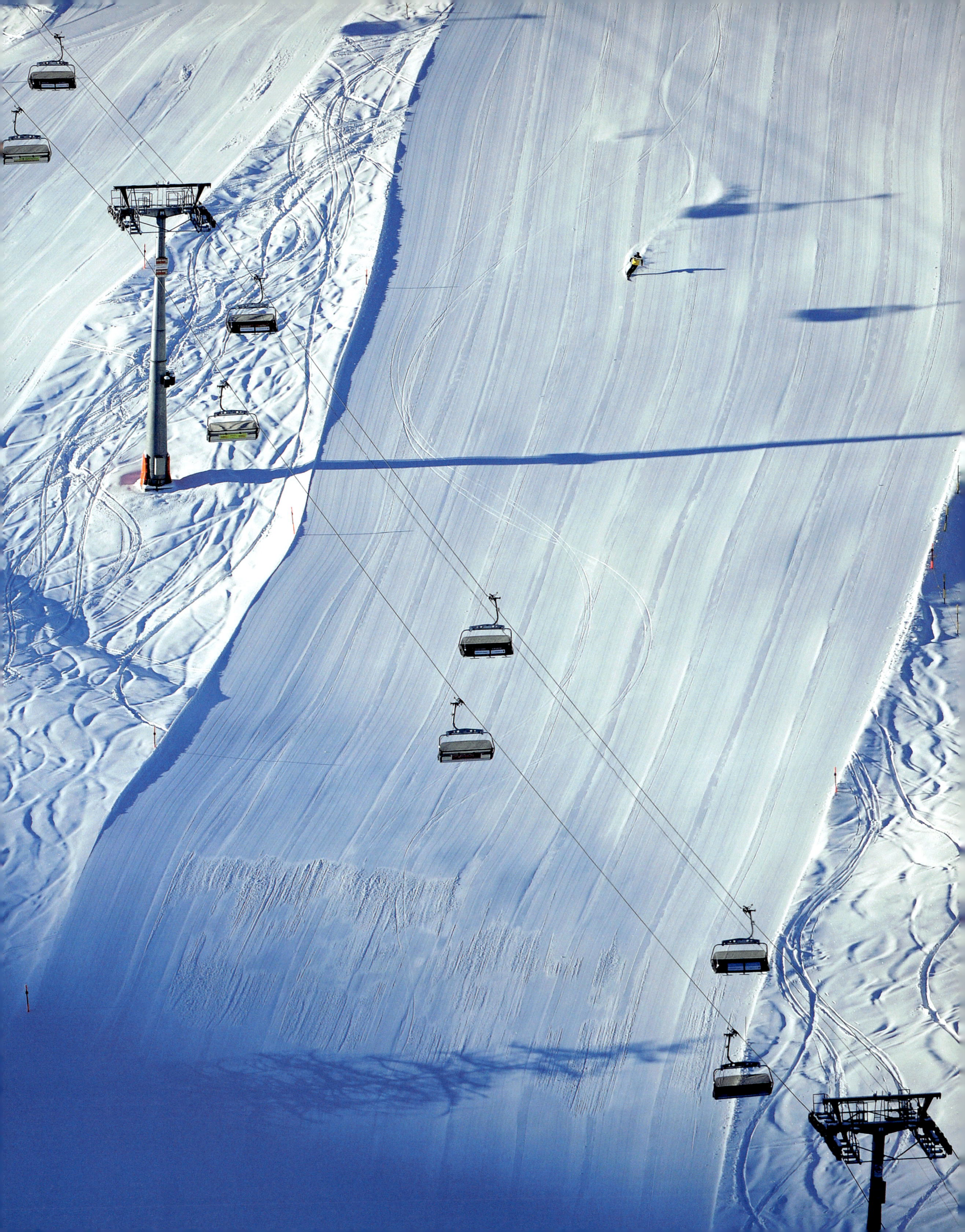

Alpinismus hat eine lange Tradition mit vielfältigen Herausforderungen für Wanderer gleichsam wie für Kletterer.

1955 | Ski- und Bergsport, gestaltet von Josef Seger.

Josef Seger

Als Sohn eines Forstwarts auf den Besitzungen des Fürsten von Liechtenstein ist Josef Seger (1908–1998) in Mödling bei Wien aufgewachsen. Beide Elternteile waren Liechtensteiner, Josef lebte und wirkte aber die meiste Zeit in Wien. Während eines Besuchs in Liechtenstein im Jahr 1945 soll ihn der damalige Regierungschef Alexander Frick beauftragt haben, Briefmarken zu entwerfen. In den folgenden Jahren entstanden zahlreiche bedeutende Briefmarkenserien aus Segers Hand, so etwa die Rot-Kreuz-Marken von 1945, die drei Jagdserien von 1946, 1947 und 1950 und fünf Sportserien von 1954 bis 1958.

In den Gemeinden sprechen Freizeitanlagen vor allem die Interessen von jungen Menschen an.

157

Brauchtum

Es gilt das Feuer zu bewahren, nicht die Asche anzubeten, lautet eine altbekannte Weisheit zum Thema Brauchtum. Brauchtum muss also brauchbar, praktizierbar sein. Und es bedarf der laufenden Erneuerung, will man das Erhaltenswerte aktiv pflegen.

Lebendiges Brauchtum, das auf gewachsene Strukturen zurückgeht, beruht auch in Liechtenstein auf gemeinsamen Wurzeln. Es widerspiegelt Gewohnheiten und Rituale, die sich über Jahrzehnte, Jahrhunderte oder sogar Jahrtausende entwickelt haben.

Bräuche sind keine spontanen Aktivitäten, nein, sie unterliegen einer gewissen Regelmässigkeit und oftmals einem exakt definierten Handlungsablauf. Abläufe, die in der Regel von Generation zu Generation übertragen werden. Bräuche geben einer Gemeinschaft Halt, sie erinnern an eine gemeinsame Vergangenheit. Sie stärken das Selbstverständnis und die Identität der Gesellschaft. In Liechtenstein unterscheiden wir kulturelle, gesellschaftliche und religiöse Bräuche. Einige werden einheitlich gepflegt, andere wiederum weichen je nach Gemeinde oder Familie, die sie praktizieren, um Nuancen voneinander ab. Am Beispiel des Funkenabbrennens, das für die symbolische Vertreibung des Winters steht, erkennen wir, dass die Funken je nach Gemeinde unterschiedlich errichtet werden. Ähnliches gilt für andere Bräuche wie etwa die Gestaltung der weihnächtlichen Mitternachtsmesse, Hochzeitsfeiern, Fasnachtsveranstaltungen oder Osterfeierlichkeiten.

Am Beispiel des Adventskranzes, welcher erst 1932 in Liechtensteins Stuben Einzug hielt, heute aber praktisch in jedem Haushalt zu finden ist, lässt sich verdeutlichen, dass sich Bräuche und althergebrachte Traditionen durchaus wandeln können. Einflüsse aus anderen Kulturkreisen, neue Ideen und Anpassungen an den Zeitgeist können das Brauchtum nachhaltig verändern. Die Menschen sind darüber hinaus auch bereit, neue Bräuche zu übernehmen und Traditionen entstehen zu lassen, sofern sie denn die Akzeptanz der Bevölkerung geniessen.

Die «Brauchtumsszene» befindet sich also – von wenigen Ausnahmen abgesehen – in einem ständigen Wandel. Manchmal dauert die Veränderung etwas länger, manchmal etwas weniger lang. Es ist nicht zielführend, um jeden Preis an alten Riten festzuhalten, wenn der Zeitgeist nach einer Erneuerung verlangt. Bewährtes hingegen verdient unseren uneingeschränkten Respekt und soll erhalten bleiben. Das Feuer bewahren, nicht die Asche anbeten…

1983 | Schmutziger Donnerstag, Fasnacht und Funkensonntag, gestaltet von Regina Marxer.

In ganz Liechtenstein gebräuchlich: Das Funkenabbrennen als symbolische Vertreibung des Winters.

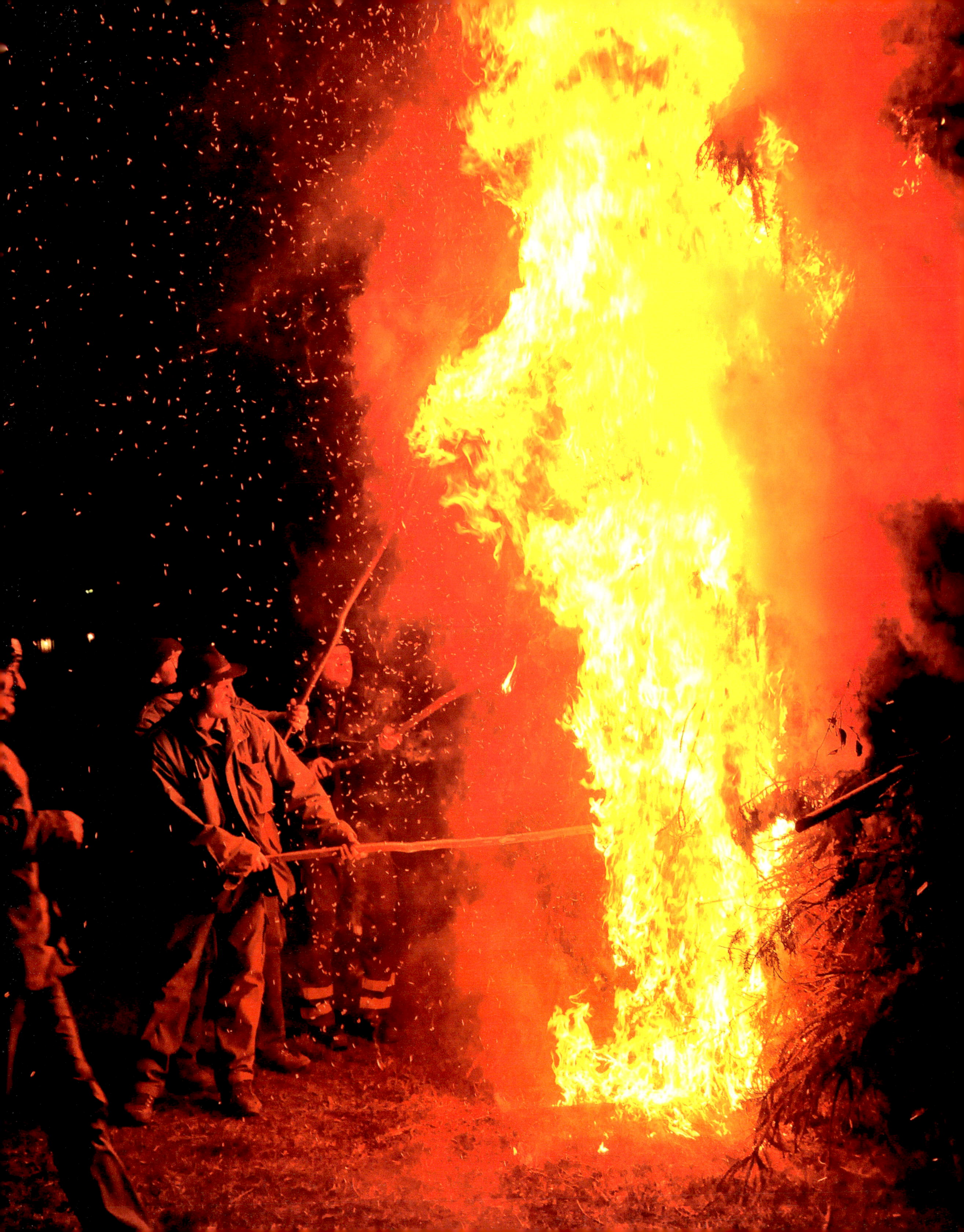

2012 | Europa-Marke zum Thema «Besuchen Sie Liechtenstein», fotografiert von Ursula Schlegel. Gestaltet von Julia Kubik im Rahmen eines Gestaltungswettbewerbs an der Kunstschule Liechtenstein.

Kontrapunkte im Jahresablauf: Munteres Treiben in der närrischen Fasnachtszeit und Alpabtrieb, bei dem das Vieh von den Sommerweiden mitten durch die geschäftigen Ortschaften den heimatlichen Ställen zustrebt.

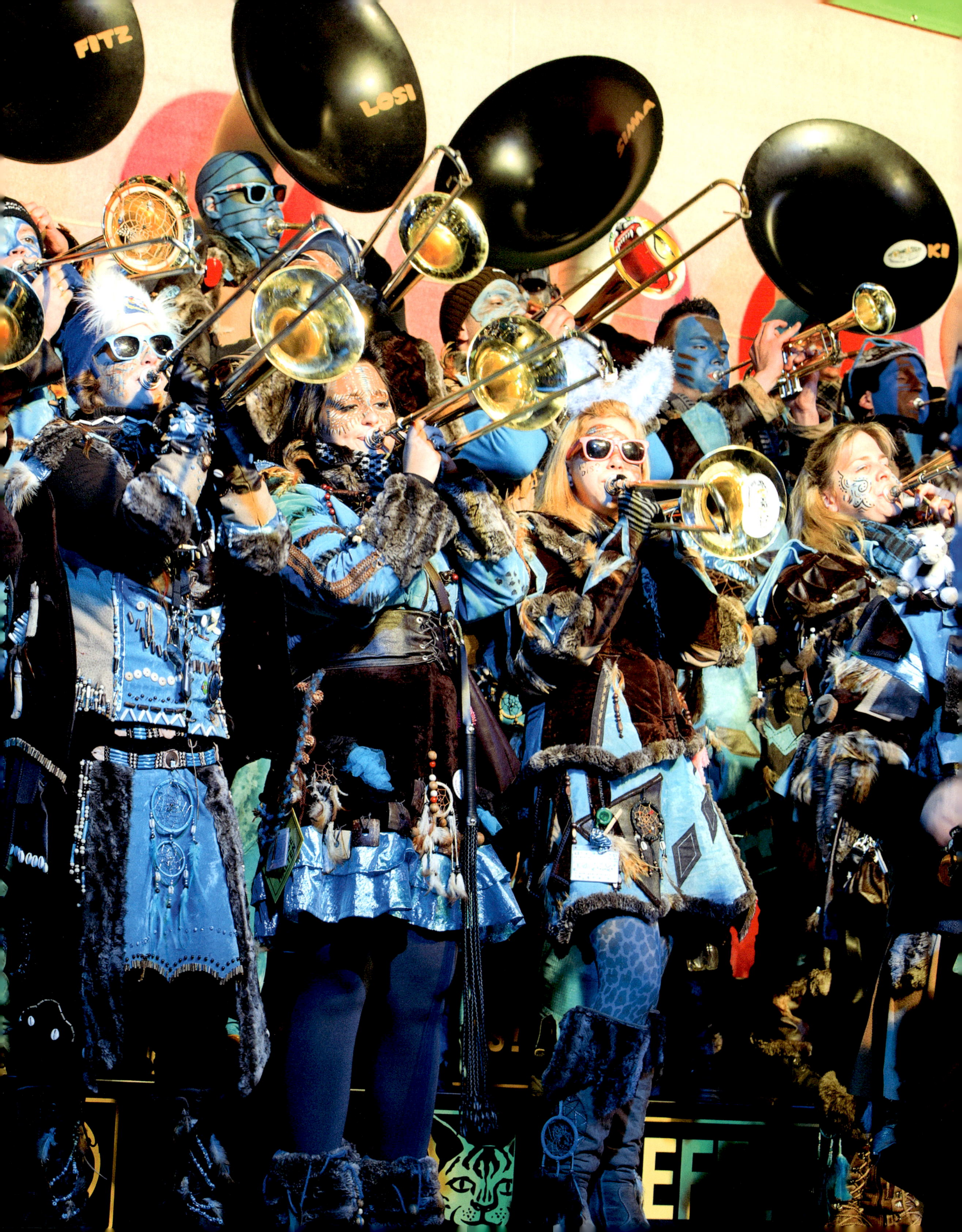
FITZ
LOSI

Kunst

2009 | Kunstmuseum Liechtenstein, aus der Serie «Zeitgenössische Architektur». Fotografiert von Bruno Köpfli.

Manchmal reicht ein Blick – und die Welt scheint so viel weniger chaotisch. Auf dem Platz vor der Post in Vaduz treibt der Bildhauer Georg Malin mit einem Z-Würfel ein Suchspiel. Nur wer sich in die Mitte des Würfels stellt, erkennt das Z auf der Würfelinnenseite. Es bedeutet Zentrum. Für Kunstbegeisterte beginnt hier eine Entdeckungsreise rundherum. Der Z-Würfel aus Chromstahl ist Teil des «SkulpturParcours» des Kunstmuseums Liechtenstein, der sich durch das ganze Land zieht. In Vaduz reiht sich ein berühmtes Meisterwerk aus Bronze von Henry Moore ein: «Figure in a Shelter», eine bildnerisch reduzierte Mutterfigur, die ihr Kind schützt.

Gegenüber der Skulptur steht das moderne Landtagsgebäude, ein Zelt aus hellen Klinkersteinen. In Liechtenstein spielt das Abenteuer Kunst unbewusst, im Alltag, ganz nebenbei, auch architektonisch. Eigenwillig verbindet sich etwa im Ensemble des Landesmuseums ein halbes Jahrtausend Baugeschichte. Hier befindet sich das Gedächtnis Liechtensteins. Hier sind wertvolle Kultgegenstände zu sehen, wie etwa die Miniatur-Bronzekrieger von Balzers aus der Zeit der Kelten – bevor die Römer kamen. Und hier hängt das Fastentuch von Bendern von 1612, das wertvollste erhaltene Exemplar der Bodenseeregion. Das Wissen darum, dass Kunst die tief liegenden Schichten im Menschen trifft, formt auch die Position des Kunstmuseums Liechtenstein. Die Fassade des grossen monolithischen Baus, fugenlos aus schwarzem Basaltgestein und feinkörnigem Rheinkies gegossen, gilt als Meilenstein der Betonkunst. Die Klarheit der Architektur wirkt städtisch und die Nationalgalerie sucht Themen, die sich mit dem Lebensgefühl in Europa auseinandersetzen. Es zeigt internationale moderne und zeitgenössische Kunst, aber auch Werke aus einer der bedeutendsten Privatsammlung Europas, der des Fürsten von Liechtenstein.

Einzigartig ist zudem die vollständige Werksammlung von dreizehn Künstlern der Arte Povera. Ihre Werke bilden die Welt nicht ab, sondern erschaffen sie – aus Materialien der Natur – in unerwarteten Konstellationen immer wieder neu. Überraschend auch das Werk eines Italieners, der Kunst als Übertreibung der Wirklichkeit sieht – neben dem Kunstmuseum: die sinnliche «Reclining Woman» von Fernando Botero. Wer auf der Kulturmeile in Vaduz spaziert, findet Skulptur an Skulptur grosser Namen wie etwa Gottfried Honegger, Herbert Albrecht, Nag Arnoldi. Im Süden, am Lindenplatz, eröffnen zwei Stelen dann eine neue, andere Realität: Das Farbspiel der «Zwei Licht-Prismen» von Heinz Mack lädt zum Träumen ein – auch in der Nacht.

Das Kunstmuseum zeigt internationale moderne und zeitgenössische Kunst, aber auch Werke aus der Sammlung des Fürsten von Liechtenstein.

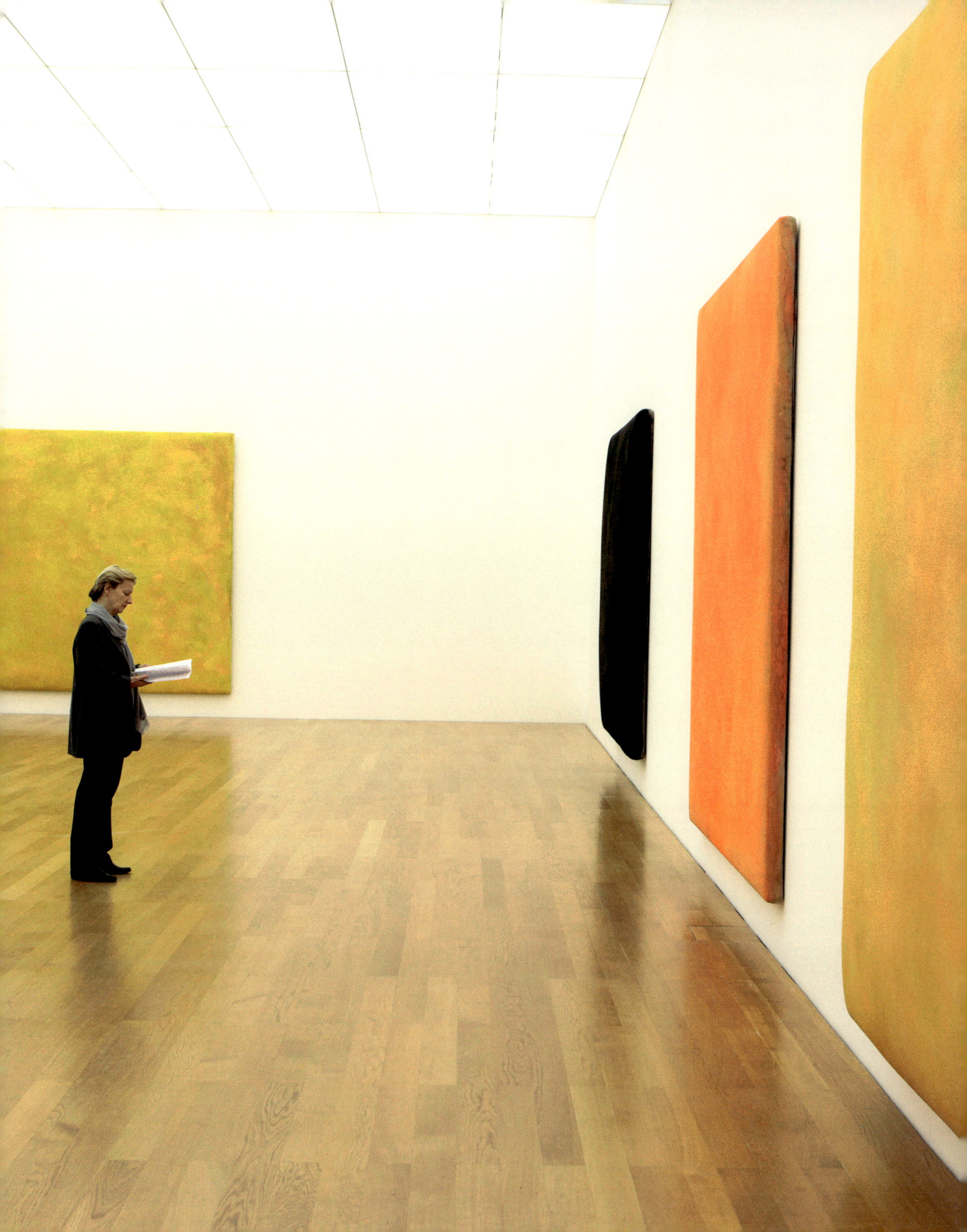

1993 | Europa-Marken, gestaltet von Sabine Bockmühl, nach Werken von Bruno Kaufmann und Evi Kliemand.

Das Kunstmuseum Liechtenstein ist Ort der Auseinandersetzung mit zeitgenössischer Kunst und ihren Wurzeln in der Moderne.

Rechts: Der Z-Würfel ist Teil des «Skulptur Parcours», der sich durch das ganze Land zieht.

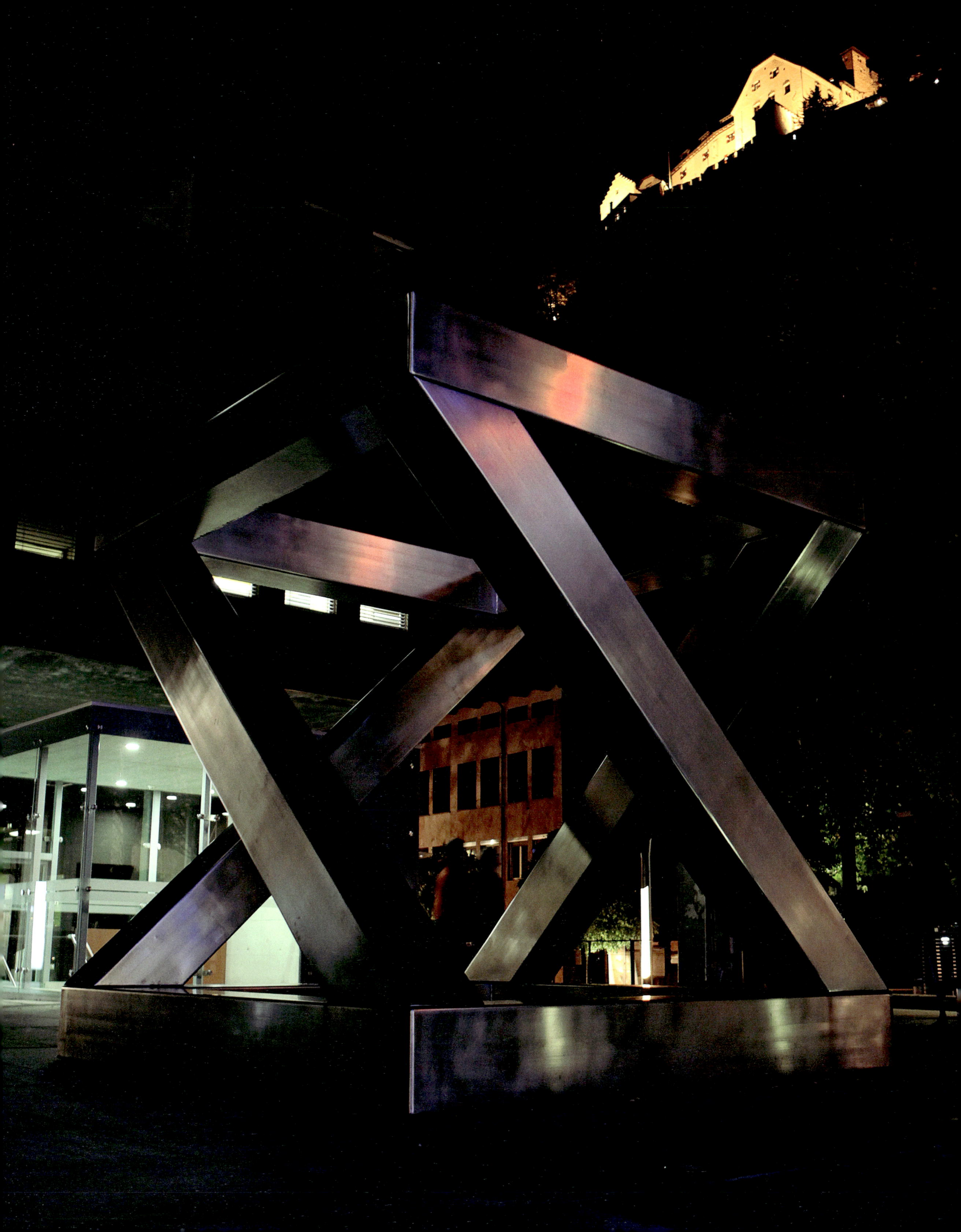

Kultur

1938/39 | Das Porträt von Josef Gabriel Rheinberger würdigte erstmals einen Liechtensteiner, der nicht der fürstlichen Familie angehörte. Gestaltet von Wilhelm Dachauer.

Kultur ist alles andere als Luxus. «Change – Chance» steht in grossen Lettern an der Wand im Foyer des TAK Theater Liechtenstein in Schaan. Das kleine Theater wirft einen anderen Blick auf die moderne Welt und bestärkt den Mut, Neuland zu betreten und verantwortlich mit der Zukunft umzugehen. Das TAK will seine Besucher bestärken, bei aller Ungewissheit, Zeitgenossen zu sein und das eigene Denken und Fühlen zu pflegen. Es ist ein Theater für die Region, das internationales Schauspiel, Musik, Tanz, Literatur und Comedy ins Land holt, aber auch Eigenproduktionen zeigt.

Manchmal reichen zwei Worte, um Lust auf mehr zu wecken. Und manchmal verzaubert eine Melodie, gespielt von einem Topstar bei den Liechtensteiner Gitarrentagen (LiGiTa). Als Geheimtipp – für international besetzte Jazzkonzerte – gilt auch der Jazzclub Tangente. Hier finden zudem junge Musiker aus der Region eine Bühne für alternative, jazznahe Experimente. Gar magnetische Anziehungskraft wird dem «Sommer im Hof» der Liechtensteinischen Landesbank in Vaduz nachgesagt. Mit Jazz und Blues, mit Pop, mit Operette unter freiem Sternenhimmel. Wer Oper oder Operette liebt, muss nicht nach Zürich oder Wien fahren. Die Operettenbühnen Vaduz und Balzers inszenieren seit den 1940er-Jahren die anderswo so oft vernachlässigte «kleine Oper» als lockere, heitere Kunst.

Alle zwei Jahre reisst zudem die Musical Company mit Kultmusicals mit.

In der Musikschule in Vaduz – vor über 40 Jahren von einer Handvoll junger Musiker gegründet – haben nicht nur Klassik und Jazz ein festes Zuhause. Die grösste Bildungseinrichtung im Land ist Sprungbrett für Talente. Vorspielübungen, Lehrerkonzerte, szenische Aufführungen, grosse Singspiele und Konzerte in allen Musikstilen bereichern den Kulturkalender. Ein Mal im Jahr gehen ausserdem die Fenster zu den Hochschulen der Welt weit auf. Berühmte Musikgrössen reisen an, um angehende Berufsmusiker aus vielen Ländern der Erde zu unterrichten. Die Konzerte – Klassik, Jazz, Tango – sind legendär.

Wer Musik liebt, kann nie ganz unglücklich werden, mag denn auch für einen grossen Komponisten des 19. Jahrhunderts aus Vaduz gelten. Ein unscheinbarer Bronzekopf vor der Musikschule erinnert an Josef Gabriel Rheinberger. Engelbert Humperdinck, Wilhelm Furtwängler und eine ganze Generation junger amerikanischer Komponisten wie Horatio Parker und George Chadwick waren seine Schüler. Und der Pianist und Komponist Jürg Hanselmann hat das Klavierwerk des eigenwilligen und geistreichen Spätromantikers virtuos auf elf CDs festgehalten.

Der «Kultur-Treff» im Innenhof der Burg Gutenberg in Balzers ist fester Bestandteil des reichen Kulturangebotes auf der Bühne Liechtenstein.

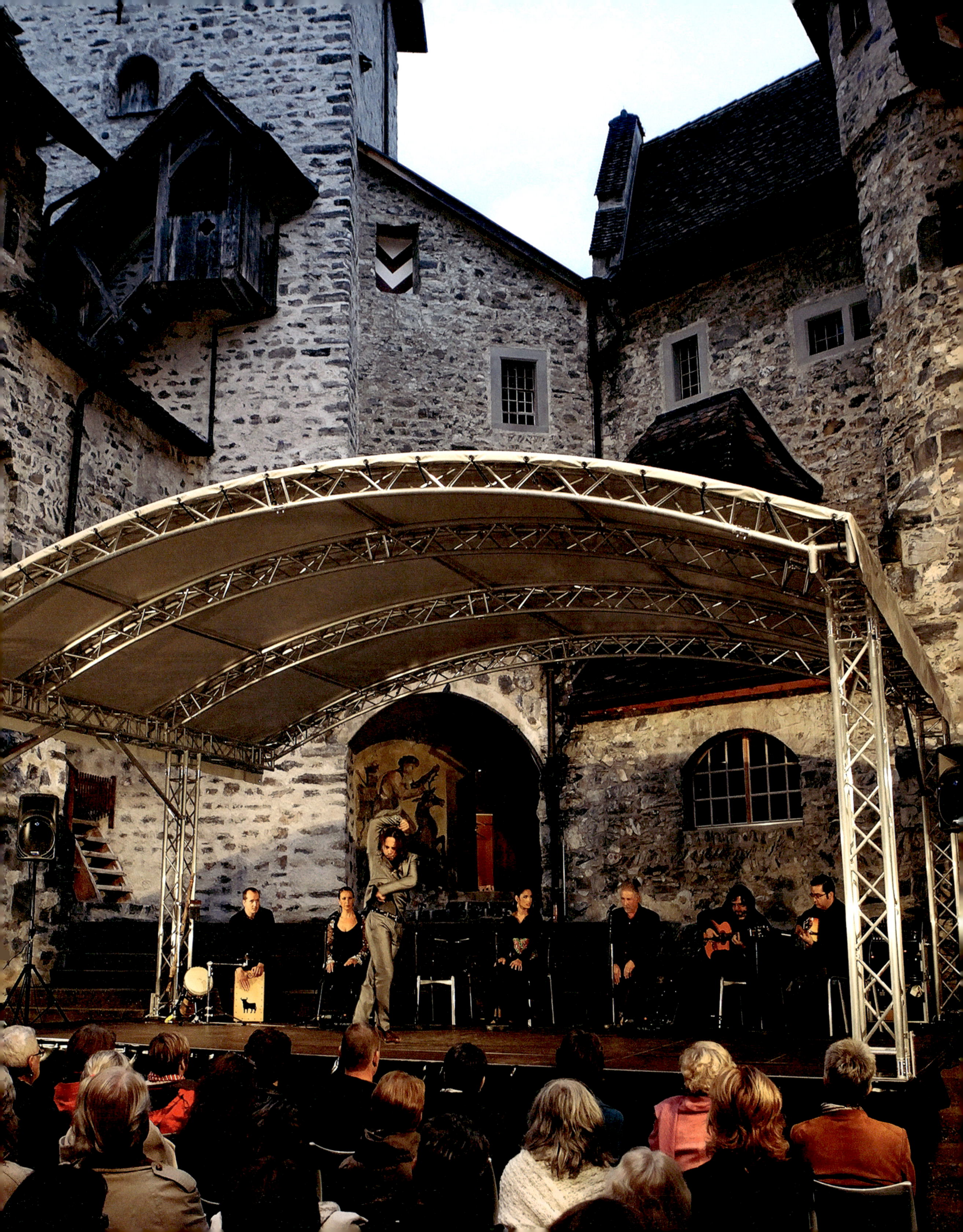

Seit 1996 lockt das
Filmfest jeden Sommer
die Kinoliebhaber nach
Vaduz.

2007 | Allegro und Crescendo,
gestaltet von Oskar Weiss.

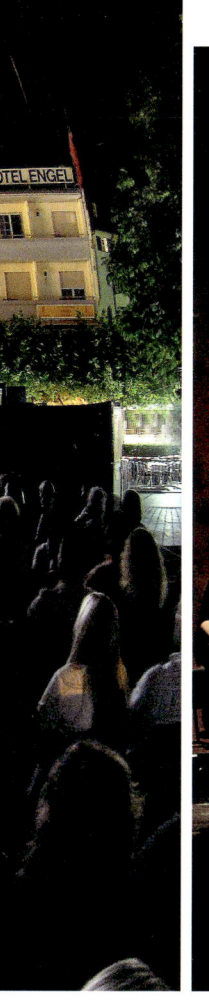

Wer die Musik liebt, kann nie ganz unglücklich werden (Franz Schubert).

Bildung

2009 | Universtität Liechtenstein, aus der Serie «Zeitgenössische Architektur». Fotografiert von Bruno Köpfli.

Gute Bildung ist für Liechtenstein entscheidend. Als hoch technisiertes Land mit fast gleich vielen Arbeitsplätzen wie Einwohnern ist Liechtenstein auf bestens ausgebildete Menschen angewiesen. Sämtliche Bemühungen der Bildungspolitik wie auch der unterschiedlichsten Bildungsinstitutionen sind an diesem Ziel ausgerichtet.

Die Struktur des liechtensteinischen Bildungswesens ist geprägt durch diejenige der Nachbarländer, insbesondere der Schweiz. Gerade der Pflichtschulbereich sowie die berufliche Grundbildung orientieren sich an der Schweiz. Neben einem hervorragend ausgestatteten öffentlichen Schulwesen bedingt die Kleinheit des Landes zudem die Konzentration auf bestimmte Bereiche einerseits sowie eine gute Zusammenarbeit mit den Nachbarn andererseits. So hat Liechtenstein für seine Einwohnerinnen und Einwohner durch eine Reihe vor Verträgen den Zugang zu Bildungsangeboten, die nicht im Land selbst angeboten werden können, in den Nachbarländern Österreich und Schweiz gesichert. Gerade im Bereich der Berufsbildung und im tertiären Bereich ist dies von entscheidender Bedeutung. Dennoch bietet Liechtenstein selbst eine grosse Vielfalt an verschiedenen Angeboten in allen Bildungsbereichen. Neben den öffentlichen Schulen und Kindergärten gibt es mit Musik- und Kunstschule, mit verschiedenen Anbietern der Erwachsenen- und Weiterbildung sowie der Universität Liechtenstein und weiteren im Hochschulbereich tätigen Institutionen Möglichkeiten der Aus- und Weiterbildung auf fast jeder Stufe. Liechtenstein ist Mitglied des Europäischen Hochschulraums und nimmt auch seit Beginn an den europäischen Mobilitätsprogrammen teil. Damit wird dem Gedanken des lebenslangen Lernens nachgelebt.

Bildung in Liechtenstein ist eine Gemeinschaftsaufgabe. Die Kindergärten und Primarschulen werden von den Gemeinden getragen, die weiterführenden Schulen (Oberschule, Realschule und Gymnasium) vom Staat, während sich die Wirtschaft vor allem in der beruflichen Grundbildung und auch in der Weiterbildung stark engagiert. Weitere Institutionen werden durch Stiftungen oder gemeinnützige Organisationen gefördert.

Neben den Zusammenarbeitsverträgen mit den Nachbarstaaten und einem vielfältigen Angebot im Inland verfügt Liechtenstein auch über ein grosszügiges Stipendienwesen, das es Jedem ermöglicht, die gewünschte Ausbildung zu absolvieren.

Gute Bildung ist für Liechtenstein entscheidend.

MATHEMATIK 2

An der Universität Liechtenstein wird das Ziel verfolgt, exzellente wissenschaftliche Qualität durch eine lebendige Symbiose von Lehre und Forschung, von Theorie und Praxis zu schaffen.

Liechtenstein praktiziert ein duales Bildungssystem mit Berufsausbildungen, die aus einem praktischen und einem schulischen Teil bestehen.

2004 | «Exakte Wissenschaften», eine Briefmarken-Serie gestaltet von Bruno Kaufmann.

Religion

1941 | Madonna von Dux, gestaltet von Johannes Troyer.

«Liechtenstein liegt am alten, grossen Weg rheinauf über die Alpen nach Süden: Bregenz-Chur-Mailand. Diesen Weg kannte schon, wie unsere Bodenfunde dartun, der prähistorische Mensch; ihn schritten bewehrte römische Legionen; darauf verkehrten fahrend Volk und römische Handelsleute […] Auf gleichem Weg und mit den Mitteln seiner Zeit geht auch der christliche Glaubensbote. Seine Spur ist die bleibende, lebendige Formung der Menschen, die er am Wege trifft, und der geschichtliche Ausdruck seines Werkes sind die Kapellen und Gotteshäuser am Weg. Auf diesem Weg hatte unser Gebiet also den Segen, sehr früh die christliche Botschaft zu erhalten und ein christliches Volksleben zu entwickeln.» (Can. Anton Frommelt).

Seit den Anfängen der Christianisierung gehörte das Gebiet des heutigen Fürstentums Liechtenstein zum uralten, 451 erstmals erwähnten Bistum Chur, bis im Dezember 1997 das Erzbistum Vaduz errichtet wurde. Es bestanden durch die Jahrhunderte sechs Urpfarreien, nämlich Balzers, Triesen und Schaan in der Grafschaft Vaduz (Oberland) sowie Bendern, Eschen und Mauren in der Herrschaft Schellenberg (Unterland). Erst später entstanden die Pfarreien Triesenberg (1768), Vaduz (1873), Ruggell (1874) und Schellenberg (1881). Es fällt auf, dass die Seelsorge in den Unterländer Pfarreien Ordensleute betreuten, nämlich in Eschen bis 1843 Benediktiner des im 8. Jahrhundert gegründeten Klosters Pfäfers (SG) und in Bendern (mit Ruggell und Schellenberg) von 1194 bis 1816 Prämonstratenser von St. Luzi in Chur oder aus dem Stammkloster Roggenburg (Bayern); in Mauren waren es bis 1594 die Johanniter von Feldkirch, dann bestimmten ab 1610 das Benediktinerkloster Weingarten und ab 1695 bis 1918 der Stadtmagistrat von Feldkirch den jeweiligen Pfarrer. In den Pfarreien des Oberlandes waren es Diözesanpriester. Mit rund 78 Prozent sind die Katholiken bis heute die grösste Religionsgruppe.

Im 17. Jahrhundert siedelten für kurze Zeit am Eschnerberg aus Vorarlberg vertriebene Juden, ebenso kamen in den 1930er-Jahren jüdische Flüchtlinge aus dem nationalsozialistischen Deutschen Reich ins Land. Im Zuge der Industrialisierung in der zweiten Hälfte des 19. Jahrhunderts nahmen evangelisch-reformierte und im 20. Jahrhundert evangelisch-lutherische Christen im Land Wohnsitz. Erstere erbauten 1961/63 in Vaduz-Ebenholz eine Kirche, die anderen 1956 ebenfalls in Vaduz. Seit 1988 besteht in Schaan eine «Freie Evangelische Gemeinde». In der zweiten Hälfte des 20. Jahrhunderts kamen vermehrt auch Christen aus Ländern der Orthodoxie, die sich zu einem Verband zusammenschlossen. In derselben Zeit liessen sich muslimische Gläubige, vor allem aus der Türkei im Land nieder.

Mit der Errichtung des Erzbistums Vaduz im Jahre 1997 wurde die Vaduzer Pfarrkirche St. Florin zur Kathedrale erhoben.

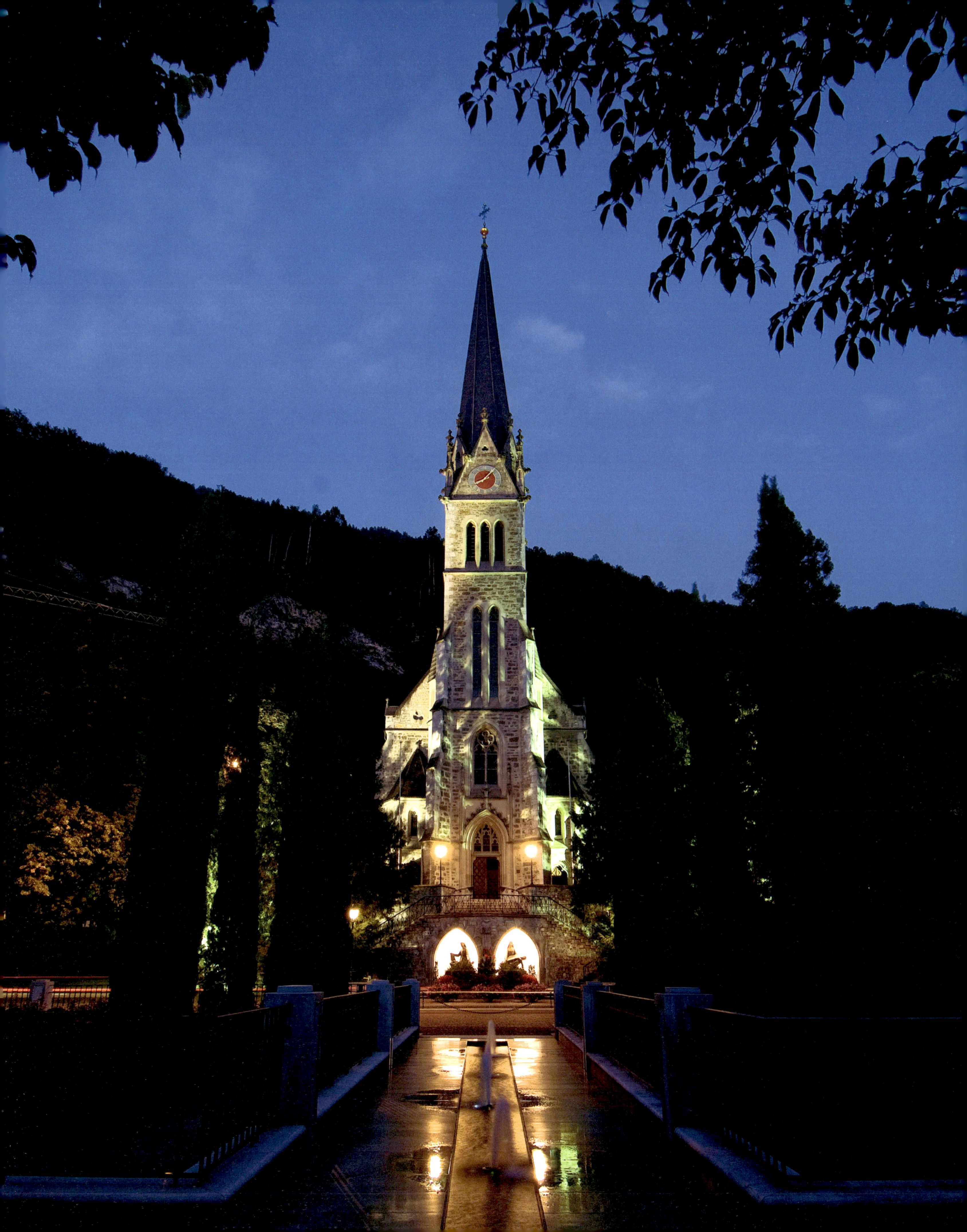

An der Erstkommunion empfangen die katholischen Kinder zum ersten Mal die heilige Kommunion.

1988 | «Bildstöcke», gestaltet von Gerhard Gloser.

Links: Die Kapelle Maria zum Trost auf Dux in der Gemeinde Schaan.

Religiöses Brauchtum zelebriert in der Pfarrkirche von Mauren.

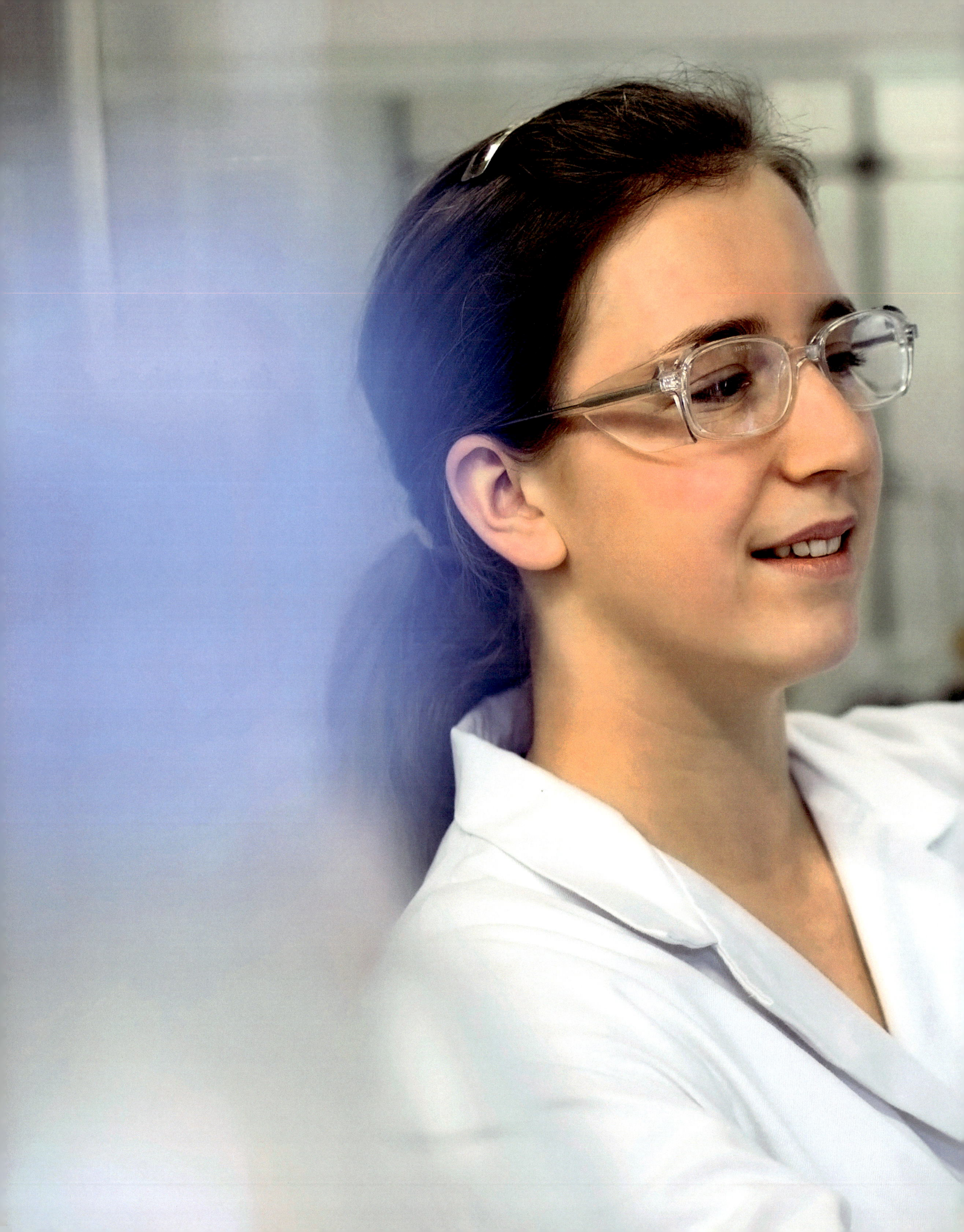

Arbeitsplatz
Liechtenstein

Handwerk, Arbeit, Wirtschaft, Industrie

2008 | Marke Liechtenstein, Industrie: Spoerry-Areal, Vaduz. Gestaltet von Hans Peter Gassner.

Nicht umsonst steht entlang der schweizerischen Rheintal Autobahn ein Schild, welches das St. Galler Rheintal als «Chancental» betitelt. Diese Qualifizierung ist sicher zutreffend, gilt aber für das rechtsrheinische Liechtenstein ebenso bzw. sogar noch in erhöhtem Masse. Liechtenstein ist der mit Abstand grösste Arbeitgeber in der Gesamtregion mit ungefähr gleich vielen Einwohnern wie Arbeitsplätzen. Konkret bedeutet das, dass rund die Hälfte aller Beschäftigten aus dem Ausland kommt und täglich nach Liechtenstein zur Arbeit pendelt. Dies ist weniger eine kulturelle, als vielmehr eine logistische Herausforderung und genau aus diesem Grunde hat auch die Förderung des öffentlichen Verkehrs eine zentrale Bedeutung; nicht nur heute, sondern vor allem in der Zukunft. Denn es ist nicht damit zu rechnen, dass sich dieser Strom in den kommenden Jahren und Jahrzehnten verringern wird – im Gegenteil.

Im Chancental Rheintal – gerne auch als «Entrepreneurial Valley» betitelt – und speziell in Liechtenstein gibt es im Vergleich zu anderen Regionen mehr Unternehmerinnen und Unternehmer und damit auch mehr Unternehmen als irgendwo sonst. Eine Firma pro zehn Einwohner sind es in Liechtenstein, während es in den Nachbarländern Schweiz, Österreich oder Deutschland zwischen 23 und 25 Einwohner sind, auf die eine Firma kommt. In dieser Rechnung zählen aber nur die auf dem Werkplatz Liechtenstein effektiv tätigen Firmen. Das sind rund 3800 in den verschiedensten Branchen von IT-Dienstleistungen über Handwerk und Gewerbe bis hin zur Hightech-Fertigung.

Als stark exportorientierter Werkplatz ist Liechtenstein auf die stetige Weiterentwicklung seiner Produkte und Dienstleistungen angewiesen, um auf den internationalen Märkten konkurrenzfähig zu sein. Das schlägt sich auch auf das Bruttoinlandsprodukt BIP – ein Mass für die Produktionsleistung der Volkswirtschaft – durch, denn knapp 40 Prozent davon kommt aus der Industrie und dem Gewerbe. Damit ist Liechtenstein eines der höchstindustrialisierten Länder weltweit.

Hohe Investitionen in Forschung und Entwicklung dienen dazu, das Niveau nicht nur zu halten, sondern laufend zu verbessern. Während die OECD den Staaten empfiehlt, die Investitionen in Forschung und Entwicklung zu erhöhen, sind diese in Liechtenstein bereits jetzt schon mehr als doppelt so hoch wie der neu empfohlene Prozentwert des Bruttoinlandprodukts. Auch dies ein weiteres Zeichen dafür, dass der Werkplatz Liechtenstein für die Zukunft bestens aufgestellt ist.

Mit nahezu gleich vielen Arbeitsplätzen wie Einwohnern ist Liechtenstein der mit Abstand grösste Arbeitgeber in der Gesamtregion.

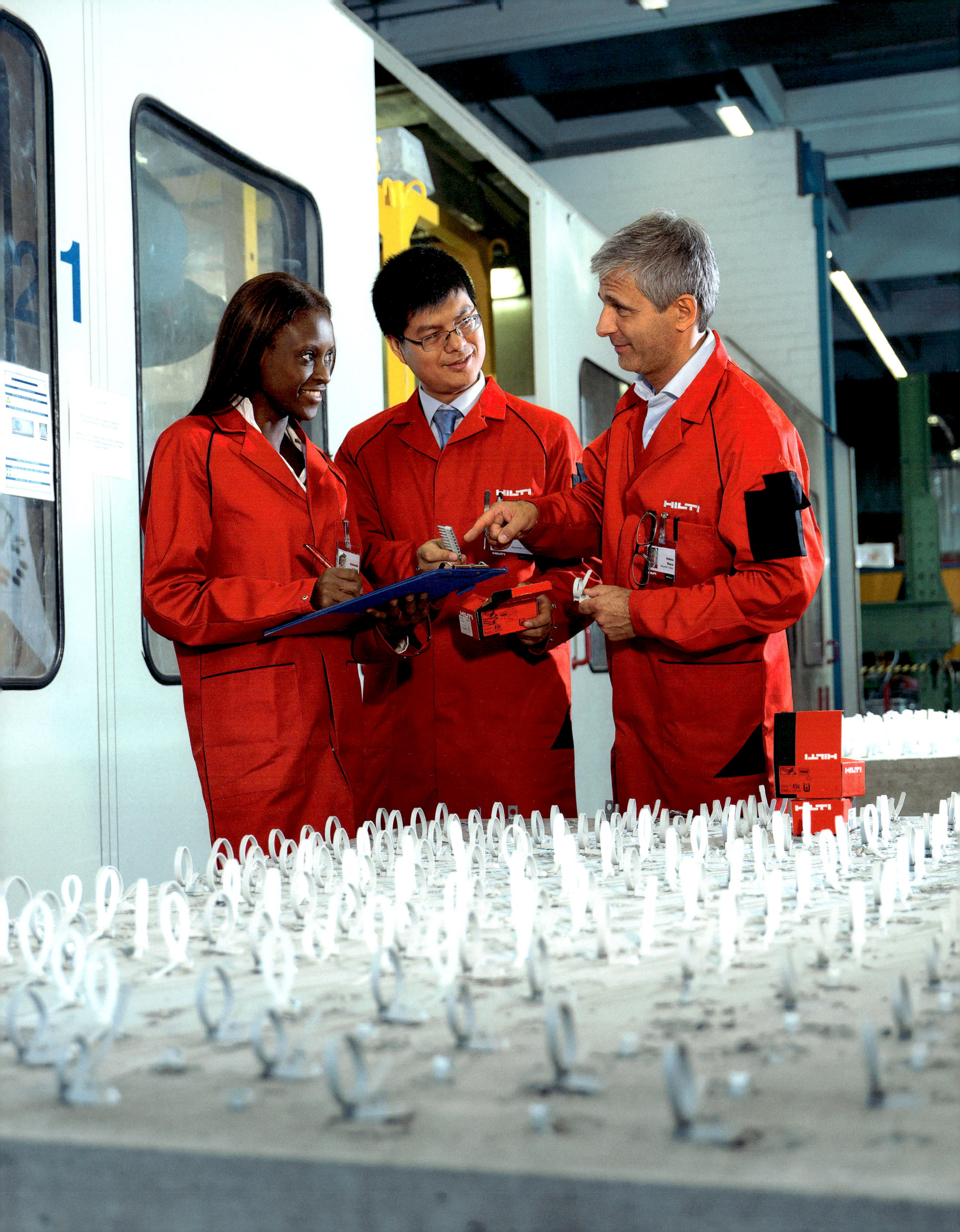
HILTI

Liechtenstein ist eines
der höchstindustrialisierten
Länder der Welt und mit
seiner Produktion stark
exportorientiert.

2006 | «Technische Innovationen aus Liechtenstein», gestaltet von Hans Peter Gassner.

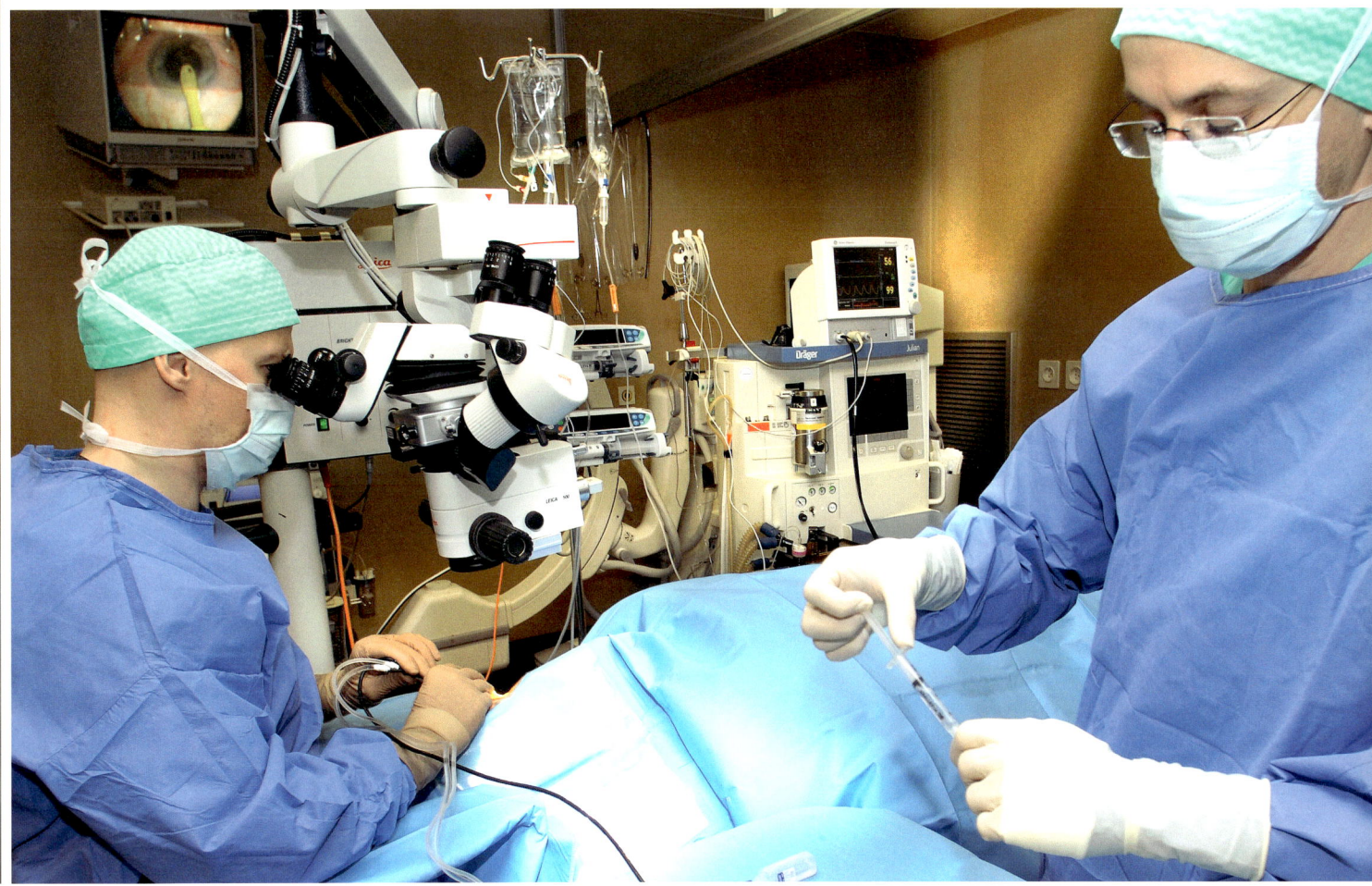

Hightech aus Liechtenstein kommt überall dort zum Einsatz, wo höchste Qualität und Präzision verlangt werden.

Hans Peter Gassner Der Grafiker und Gestalter Hans Peter Gassner, geboren 1951, lebt und arbeitet in Vaduz. 1979 entwarf er erstmals eine Briefmarke, zum Thema «Entwicklungshilfe». In den folgenden drei Jahrzehnten hat er für die Philatelie Liechtensteins über hundert Briefmarken entworfen, darunter die vier Wertzeichen zum Jubiläum «100 Jahre Liechtenstein Briefmarken».

2007 | «Technische Innovationen aus Liechtenstein», gestaltet von Hans Peter Gassner.

Rund die Hälfte aller Beschäftigten kommen täglich aus dem Ausland nach Liechtenstein zur Arbeit.

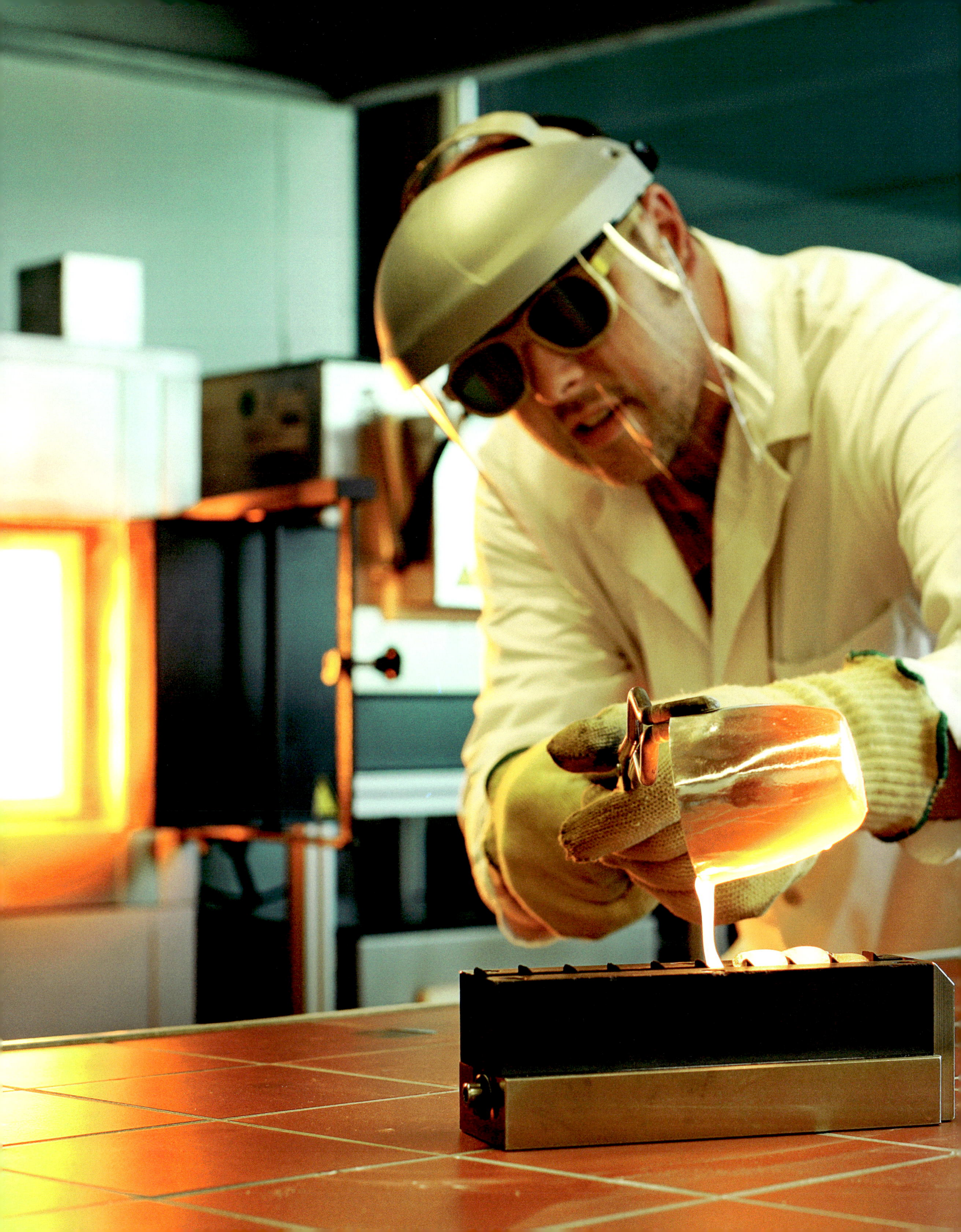

Arbeitsplätze in der freien Natur: Für viele Menschen nach wie vor das, was sie sich wünschen.

Scherenschnitt

Bei der Herstellung des Sonderblocks «Chinesisches Tierkreiszeichen 2012 – Jahr des Drachen» wurde die alte chinesische Volkskunst des Scherenschnitts mit modernster Technologie umgesetzt: Das filigrane Drachenmotiv wurde mittels Laser herausgeschnitten. Erstmals in der Geschichte der Philatelie konnte so eine Briefmarke als «Scherenschnitt» produziert werden.

2011 | Jahr des Drachen, gestaltet von Stefan Erne.

Landwirtschaft

1941 | Hirtenmädchen mit Kuh, gestaltet von Carl August Liner.

In Liechtenstein wird heute noch ein Drittel der Landesfläche (ca. 5300 Hektaren) landwirtschaftlich genutzt. Aufgrund von Klima und Topografie ist der Grossteil davon Grünland (ca. 1800 Hektaren), das in Form von Alpweiden und ebensoviel Dauergrünland, hauptsächlich mit Rindvieh und Schafen genutzt und gepflegt wird. Ackerbau umfasst etwa 1300 Hektaren und wird fast ausschliesslich in der Talebene betrieben. Rund 125 Landwirtschafts- und gut 20 Alpwirtschaftsbetriebe bewirtschaften neben zahlreichen Hobbybetrieben den Grossteil dieser Flächen.

Die agrarpolitische Ausrichtung ist stark auf die Schweiz und Europa fokussiert. Aufgrund des Zollvertrages sind die wirtschaftlichen Rahmenbedingungen und auch die Förderinstrumente für die Landwirte am ehesten mit jenen der Schweiz vergleichbar. Liechtenstein lehnt als Agrarimporteur eine vollständige Liberalisierung des Welthandels ab und will deshalb Massnahmen zum Schutz der eigenen landwirtschaftlichen Produktion aufrechterhalten.

Wohl aufgrund des wirtschaftlichen Drucks und der geänderten Konsumentenwünsche hat die Direktvermarktung der landwirtschaftlichen Produkte zugenommen. Viele Landwirte haben ihre Produktion umgestellt und diversifiziert. Die Konsumenten schätzen den persönlichen Kontakt und wollen wissen, wie das Kalb gehalten und die Karotten gepflegt werden. Die Herstellung von qualitativ hochstehenden Produkten und eine nachhaltige Produktion spielen daher heute in der Wertschöpfungskette vom Bauern bis zum Konsumenten eine wichtige Rolle.

Der Weinbau hat in Liechtenstein lange Tradition. Am Alpenrhein ist dies dank dem warmen Föhn möglich, der mit seinem mildernden Einfluss die Vegetationszeit im Frühling und im Herbst verlängert. Gut 100 Winzer bauen auf einer Rebfläche von rund 25 Hektaren über 30 verschiedene Rebsorten an. Blauburgunder ist mit 55 Prozent heute noch Spitzenreiter, gefolgt von Riesling x Sylvaner, Léon Millot, Chardonnay und Regent.

Sowohl Gäste als auch Einheimische sind immer wieder fasziniert von der gepflegten Landschaft Liechtensteins. Die Pflege dieser Landschaft, die eine hohe Lebensqualität bietet, ist nur mit viel Arbeitseinsatz und der Haltung von Rindern und Kühen, Schafen, Pferden und Ziegen möglich. Liechtenstein hat eine rasante Entwicklung im Industrie- und Dienstleistungssektor hinter sich. Seine Betriebe beschäftigen Tausende, benötigen Platz für ihre Infrastrukturen und verbrauchen somit auch immer mehr Boden. Der Bodenverlust ist für die Landwirtschaft vor allem deshalb ein Problem, weil er unwiderruflich ist und es oft die besten Böden sind, die überbaut werden.

Rund ein Drittel der Landesfläche wird nach wie vor landwirtschaftlich genutzt.

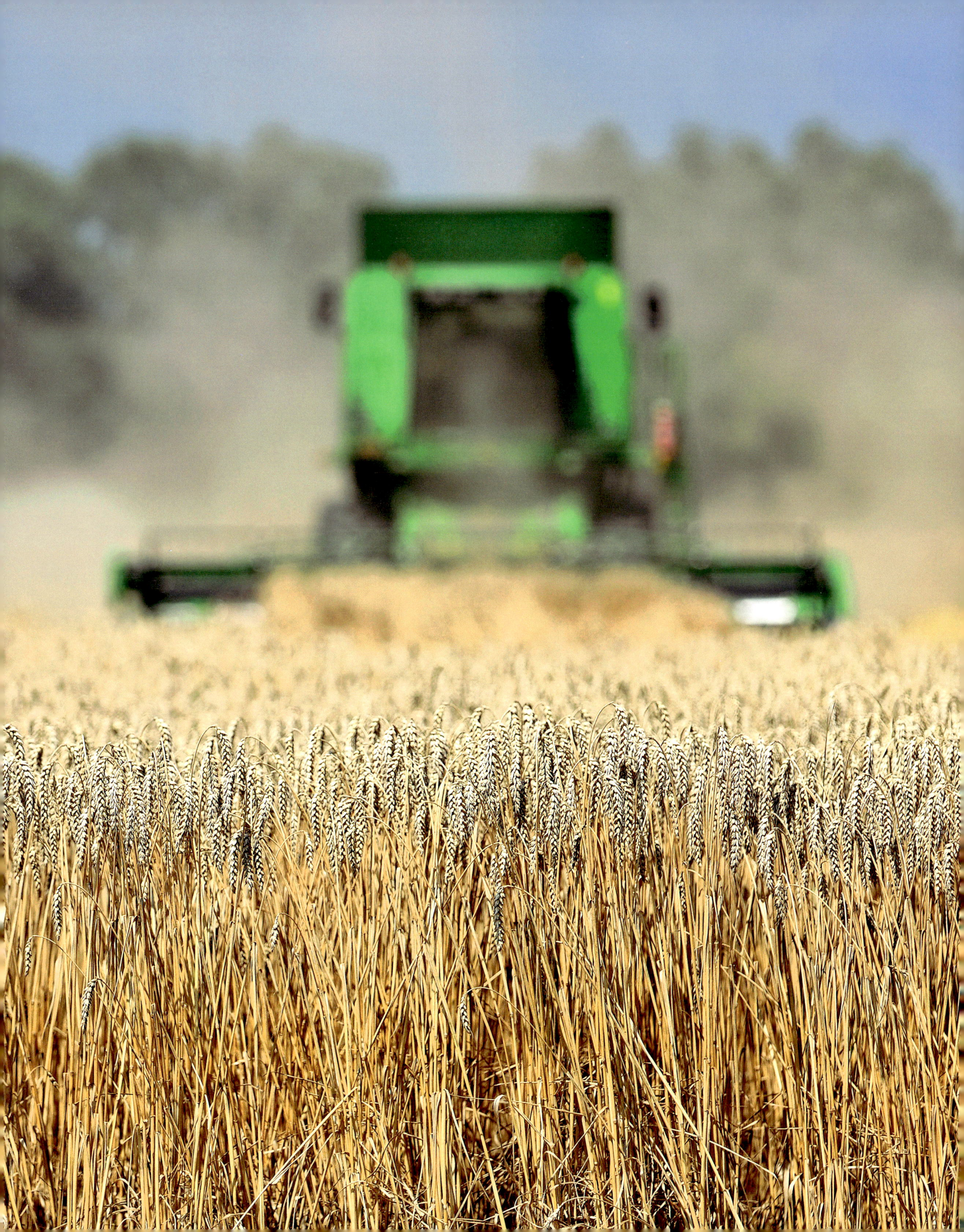

Rund 125 Landwirtschafts- und gut 20 Alpwirtschaftsbetriebe bewirtschaften neben zahlreichen Hobbybetrieben den Grossteil der Landwirtschaftsflächen in Liechtenstein.

2010 | «Landwirtschaft in
Liechtenstein», gestaltet von
Silvia Ruppen.

191

Viel Arbeit und die Haltung von Rindern, Kühen, Schafen, Pferden und Ziegen sind notwendig, um die gepflegte Kulturlandschaft zu bewahren.

1960/61 | Landschaftsbilder und ländliche Motive, gestaltet von Anton Ender.

Der Weinbau verfügt über eine lange Tradition, die von rund 100 Winzern nach wie vor mit viel Liebe gepflegt wird.

Ackerbau wird auf rund 1300 Hektaren und fast ausschliesslich in der Talebene betrieben.

193

Eisenbahn
Autobahn
Strasse/Fahrweg
Buslinie mit Haltestelle
Landesgrenze
Naturschutzgebiet
Wanderweg
Bergwanderweg
Radweg abseits von Hauptstrassen
Berghütte
Jugendherberge
Kinderspielplatz
Campingplatz
Aussichtspunkt
Rastplatz
Parkhaus
Spitäler
Info
Stadion

Abdruck mit freundlicher Genehmigung durch Liechtenstein Marketing

Geschichte des Postwesens und der Wertzeichen im Fürstentum Liechtenstein

Altertum

Das Gebiet des heutigen Fürstentums Liechtenstein ist seit je Durchgangsgebiet für den Nord-Süd-Verkehr. Die Bündner Pässe waren schon lange vor der Römerzeit bevorzugte Passagen auf dem Weg über die Alpen. Um 15 vor Christi Geburt baute Kaiser Augustus die Strassen über die Gebirgspässe weiter aus. Eine beliebte Route führte von Mailand über den Splügenpass nach Chur und durch das Rheintal über Bregenz und Lindau am Bodensee nach Augsburg. In Liechtenstein verlief die Route von Balzers nach Schaanwald.

13. Jahrhundert

Durch einen Friedensvertrag zwischen dem Bischof von Chur und der Stadt Como um 1219 wird die Route über den Splügenpass sicherer. 1282 fiel das heutige Liechtenstein unter die Herrschaft der Grafen von Monfort-Werdenberg-Sargans, die wie der Bischof von Chur Zölle für den Zugang zu den Bündner Alpenpässen erhoben.

14. Jahrhundert

Die Grafen von Werdenberg-Sargans schliessen 1386 ein Abkommen mit Mailand, das jedermann die freie Überquerung des Splügenpasses zusichert. Sie bauen die alte Römerstrasse aus und senken die Warenzölle, wodurch sich die Splügenroute gegen konkurrierende Routen über Brenner-, St. Gotthard- und Septimerpass als die billigste und sicherste Alpenpassage durchsetzen kann. Die Fussacher Boten spielen im Handelsverkehr auf der Splügenstrasse die bedeutendste Rolle.

Die «Fussacher Boten» (auch «Lindauer» oder «Mailänder Boten») haben das Privileg, gegen Gebühren Briefe, Waren, und vereinzelt auch Fahrgäste auf der Nord-Süd-Achse zwischen Lindau und Mailand zu befördern. Damit erbringen sie die erste postähnliche Dienstleistung in Liechtenstein.

15. Jahrhundert

Mit dem Konstanzer Konzil (1414 – 1418) gewinnt die Personenbeförderung stark an Bedeutung. Reisestationen befinden sich in Mailand im Hotel «Zu den drei Königen», in Chur im Hotel «Zum Weissen Kreuz» und in Feldkirch im Hotel «Zur Krone».

17./18. Jahrhundert

Das Fürstentum Liechtenstein entsteht. Fürst Johann Adam Andreas von Liechtenstein erwirbt 1699 die Herrschaft Schellenberg und 1712 die Herrschaft Vaduz von den verschuldeten Grafen von Hohenems. Unter Fürst Anton Florian werden die beiden Herrschaften im Jahr 1719 durch Kaiser Karl VI. zum Reichsfürstentum mit Namen Liechtenstein erhoben. Im ausgehenden 18. Jahrhundert konkurrierten im vorderösterreichischen Raum zwischen Bodensee und Arlberg «die parallelen oder sich kreuzenden Postkurse der kaiserlichen Reichspost unter den Fürsten von Thurn und Taxis» und der k.k. österreichischen Post (Herzog, Postgeschichte Liechtensteins, S. 305). Diese beiden standen ihrerseits in Konkurrenz mit zahlreichen reichsstädtischen Boten, Herrschaftsboten und «inoffiziellen» Landkutschern, Flössern und Fussboten. Die «inoffiziellen» Boten waren «bis weit in das 19. Jahrhundert in vielen, vor allem unwegsamen und wirtschaftlich rückständigen Regionen Europas eine unverzichtbare Ergänzung» (Herzog, S. 307) zu den offiziellen Kurieren auf den Hauptstrassen.

Dem gegenüber stand im ausgehenden 18. Jahrhundert das Bestreben der Obrigkeit, das Postwesen gänzlich zu verstaatlichen. Das Postwesen war nicht nur für die Verwaltung und als eine zusätzliche Einnahmequelle für die Staatskasse von zentraler Bedeutung, sondern auch aussenpolitisch wichtig: Das Postwesen galt als ein Merkmal staatlicher Souveränität.

Reichskanzler Fürst von Metternich verstaatlicht um 1770 das Postwesen in Tirol und Vorarlberg. Das hat direkte Auswirkungen auf das Fürstentum Liechtenstein, weil es zum österreichischen Postgebiet gehört. Durch die Verstatlichung werden die Dienstleistungen der «inoffiziellen» Boten zu Verstössen gegen das Postrecht. Wiederholt wird den Fussacher Boten die Postbeförderung untersagt, aufgrund von Protesten aus der Bevölkerung oder aus mangelnder Rentabilität für die offiziellen Kuriere aber wieder erlaubt.

19. Jahrhundert

In Liechtenstein etablierte sich bereits im frühen 19. Jahrhundert das Wirtshaus «Post» in Balzers als Briefsammelstelle, vorerst allerdings nur inoffiziell. So scheint das Wirtshaus auf der «Post Karte von Baiern» (1810) lediglich als «Umspannungs-Station, oder Relais» mit Möglichkeit zum Pferdewechsel auf (zitiert nach Herzog, S. 320).

Am 20. August 1817 schliesslich erhob die kaiserliche Hofkammer das Wirtshaus «Post» in Balzers zur ersten offiziellen k. k österreichischen Briefsammelstelle im Fürstentum Liechtenstein. In einer Erklärung wurde festgehalten, dass dadurch die Souveränitätsrechte des Fürsten von Liechtenstein nicht angetastet würden.

Die Koordination der Anschlusszeiten war zu dieser Zeit keine einfache Aufgabe, zumal die Kuriere, teils zu Fuss, teils zu Pferd, mit unterschiedlichen Geschwindigkeiten reisten und viel stärker als heutige Reisende von der Witterung und anderen Umständen abhängig waren. In ländlich-bäuerlichen Regionen mit geringem Postvolumen fungierten vorwiegend Gasthäuser als Sammelstellen und Verteilerstationen für die verschiedenen Boten.

Das Postvolumen in der liechtensteinischen Sammelstelle war zu jener Zeit bescheiden und belief sich auf ungefähr 70 bis 90 Briefe pro Monat (vgl. Herzog, S. 328), einschliesslich aller Transitpost von Österreich, Deutschland und Italien. Bereits 1819 wurde die Briefsammelstelle aufgrund man-

gelnder Rentabilität wieder geschlossen.
1820 benötigten die Fussacher Boten für die Strecke Feldkirch – Chur (ca. 68 km) mit Zwischenhalten und Überquerung der St. Luziensteig rund siebzehn Stunden, für die gesamte Strecke zwischen Lindau und Mailand (ca. 274 km) rund 10 Tage. Der Weg durch Liechtenstein, die Viamala-Schlucht und über den Splügenpass galt als beschwerlich und zeitaufwendig. Zum Vergleich: Die Strecke Wien – Feldkirch (ca. 730 km) konnte bei guten Bedingungen in 5 Tagen zurückgelegt werden (vgl. Herzog, S. 313).

Ein Staatsvertrag zwischen Österreich und Graubünden regelte 1820 den Postverkehr neu. Da der Kanton St. Gallen westlich des Rheins einen schnelleren Kurs mit Postkutschen einführte, lohnte sich die Strecke durch Liechtenstein für die Fussacher Boten zusehends weniger. 1826 schliessen Österreich und Graubünden einen Postvertrag ab, der die Strecke Lindau – Liechtenstein – Chur endgültig in staatliche Hände legt. Die Fussacher Boten stellen ihre Dienste ein.

Im Jahre 1827 wurde erneut in Balzers eine offizielle «k. k. Österreichische Postbriefsammlung» eröffnet. 1827 ist somit das Geburtsjahr eines bis heute permanenten offiziellen Postwesens in Liechtenstein. Die Briefsammelstelle wurde 1839 in den Rang eines k.k. Postamtes erhoben. Joseph Ferdinand Wolfinger (1800–1876) wurde der erste k. k. Postmeister Liechtensteins.

Am 1. März des Jahres 1845 wurde auch in Vaduz eine k. k. Postsammelstelle errichtet.

Am 1. Juni 1850 werden die ersten Briefmarken im Gebiet der k. k. österreichischen Postverwaltung ausgegeben. Diese werden auch im Fürstentum Liechtenstein verwendet.
Mit dem Zollvertrag von 1852 wird Liechtenstein in das österreichische Finanz- und Zollgebiet einbezogen. Das Postwesen nahm nun im Vergleich zu vergangenen Jahrhunderten eine rasante Entwicklung.

Chronologie

1863 Die erste liechtensteinische Postkutsche fährt einmal täglich am Morgen von Balzers nach Feldkirch und am Nachmittag zurück. Der Vorgänger der heutigen Postautos konnte neben der Post nur drei Personen befördern, so dass man bereits in Vaduz nicht mehr sicher sein konnte, noch einen Platz zu ergattern.

1864 Der erste liechtensteinische Briefbote trägt in Vaduz Post aus. In Nendeln wird eine k. k. Postexpedition errichtet.

1868 Der Postvertrag zwischen Österreich und der Schweiz tritt in Kraft. Er ist auch für Liechtenstein verbindlich.

1869 Nachdem die erste Telegrafenlinie in Liechtenstein von Feldkirch nach Vaduz errichtet ist, erhält Vaduz ein Post- und Telegrafenamt. Die Baukosten werden je zur Hälfte von Österreich und Liechtenstein getragen.

1872 Schaan erhält ein Postamt.

1886 Die Spinnerei Spoerry in Vaduz und die Weberei in Triesen werden mit einer Telefonleitung verbunden. Die ersten Telefonanschlüsse entstehen also auf private Initiative.

1890 Die Postkutsche fährt nun täglich zweimal von Balzers nach Vaduz und viermal von Vaduz nach Schaan, nach der Eröffnung der Eisenbahnlinie Feldkirch-Schaan-Buchs aber nicht mehr nach Feldkirch.

Triesen erhält ein Postamt.

1898 Nachdem die erste Telefonleitung zwischen Vaduz und Triesen bereits 1895 verlängert und an das schweizerische Netz angeschlossen wurde, entsteht 1898 das öffentliche Telefonnetz in Liechtenstein mit Verbindung nach Österreich.

Um 1900 gab es 24 Telefonapparate im ganzen Land, 18 öffentliche Zellen, vier private Anschlüsse und zwei bei der Regierung. Erbaut wurde das Netz von Angestellten der k. k. Staatstelegrafenverwaltung. Die Kosten trug das Land Liechtenstein.

1905 Der liechtensteinische Landtag fordert eine Neuregelung des Post-, Telefon- und Telegrafenwesens in einem offiziellen Staatsvertrag mit Österreich. Ursachen waren die unklare Rechtslage in Postfragen sowie die niedrige Besoldung der Briefträger.

1907 Die liechtensteinischen Postmeister machen eine Eingabe an die Regierung, in der sie wichtige Punkte eines neuen Postvertrages mit Österreich aufführen. Unter anderem wird auch der Vorschlag gemacht, eigene liechtensteinische Briefmarken herauszugeben, um aus diesen Erträgen die Grundlage für eine faire Entlohnung der Postmitarbeiter zu schaffen.

Eine Postablage in Mauren wird eingerichtet.

1910 In Malbun und auf der Sücka werden Postablagen eingerichtet.

1911 Am 4. Oktober 1911 wird das Übereinkommen bezüglich der Post-, Telefon- und Telegrafendienste Österreichs in Liechtenstein abgeschlossen. Gemäss diesem Vertrag verwalten die österreichischen Postbehörden in Liechtenstein weiterhin den PTT-Betrieb, Liechtenstein produziert aber künftig eigene Briefmarken. Gewinne aus dem Postbetrieb werden zwischen beiden Ländern geteilt. Die liechtensteinischen Souveränitätsrechte im Postwesen bleiben gewahrt.

1912 Am 1. Februar gibt Liechtenstein seine ersten Briefmarken mit den Wertstufen 5, 10 und 25 Heller aus. Alle drei zeigen das Porträt von Fürst Johann II. und sind mit der Bezeichnung «k. k. österreichische Post im Fürstentum Liechtenstein» versehen. Die Marken stossen bei Sammlern auf reges Interesse und sind ein voller Verkaufserfolg, wodurch sie zu einer neuen, wichtigen Einnahmequelle für den Staat werden.

Die österreichischen Briefmarken und Ganzsachen bleiben in Liechtenstein weiterhin gültig (bis zum 31. Januar 1921).

Das Postamt in Nendeln wird aufgehoben und in Eschen neu errichtet.

1918 Am 18. Oktober 1918 erfolgt die Ausgabe der ersten liechtensteinischen Postkarte (Ganzsache).

1920 Nach den Wirren des ersten Weltkrieges löst sich Liechtenstein langsam von der Donaumonarchie und der Zollvertrag mit Österreich wird am 1. März 1920 abgeändert. Die Post wird unter der Bezeichnung «Fürstlich Liechtensteinische Post» selbständig, bleibt aber noch unter österreichischer Verwaltung.

Im Januar 1920 werden die Herstellung und der «Verschleiss» (Vertrieb, Verkauf) von Briefmarken durch einen Vertrag zwischen der Regierung und dem so genannten «Konsortium» an das letztere übertragen.

Im November 1920 erfolgt der Wechsel zur Schweizerischen Post, die das Postwesen in Liechtenstein bis Ende 1999 sicherstellt. Das Konsortium war somit auch für Liechtensteins Philatelie zuständig, als das Land von einem Postvertrag mit Österreich zu einem solchen mit der Schweiz wechselte.

Unter der Ägide des Konsortiums entstehen die ersten Briefmarken mit Landschaftsmotiven.

1921 Der Postvertrag mit Österreich wird endgültig aufgelöst. Am 1. Februar 1921 tritt das bereits Ende 1920 unterzeichnete Abkommen zwischen dem Fürstentum Liechtenstein und der Schweiz über die Besorgung des Post-, Telegrafen- und Telefondienstes in Kraft. Es erscheinen die ersten liechtensteinischen Briefmarken in Schweizer-Franken-Währung. Mangels genügender Wertstufen sind in Liechtenstein bis zum 30. September 1921 Schweizer Briefmarken und Ganzsachen ebenfalls gültig. Schweizer Portomarken werden in Liechtenstein bis zum 11. April 1928 und Schweizer Flugpostmarken bis zum 12. August 1930 verwendet, wobei die Flugpostmarken ab 16. Mai 1926 erst beim Flughafen in der Schweiz entwertet werden.

Triesenberg erhält 1921 eine Poststelle.

Im Herbst wird das Konsortium aufgelöst. Der Staat ist nun wieder direkt für die Herausgabe von Briefmarken verantwortlich.

1922 Im Frühjahr 1922 verkehrt das erste Postauto in Liechtenstein.

1924 Eugen Verling entwirft als erster Liechtensteiner eine Serie von Briefmarken. Vier Jahre später gestaltet er die Briefmarken zur Rheinnot, für die ein Zuschlag zugunsten der Hochwassergeschädigten bezahlt werden muss.

1925 Mauren erhält eine Poststelle.

1926 Ruggell erhält eine Poststelle.

1929 Die Postautoflotte wird um Omnibusse für 16 Passagiere erweitert. Die Busse verkehren nun bis nach Triesenberg.

1930 Die Post nutzte die Fortschritte in der Luftfahrt und begann früh Postsendungen, vor allem Briefpost, durch die Luft zu befördern. 1930 landete in Schaan zum ersten Mal ein Postflugzeug aus St. Gallen und das Luftschiff «Graf Zeppelin» warf zum ersten Mal Post über Liechtenstein bei Vaduz ab. Entsprechend entstanden im gleichen Jahr auch die ersten Flugpostmarken.

Hermann Kosel, ein Hofphotograph und Künstler in Wien, der mit dem damaligen Fürsten Franz I. und seiner Frau Elsa bekannt war, entwirft eine Serie von Briefmarken, die als Kosel-Serie bekannt wird. Diese Briefmarken, insgesamt 14 Motive (vor allem Landschaften), sind mit der seltenen Zähnungsvariante die bis heute teuersten Postwertzeichen Liechtensteins. Die Marken wurden erstmals im Ätz- und Rastertiefdruckverfahren hergestellt. Liechtenstein hatte dieses Verfahren zwar nicht erfunden, aber erstmals konsequent und erfolgreich in der Briefmarkenherstellung eingesetzt.

Hermann Kosel entwirft auch die ersten Flugpostmarken.

1931 Zwei Zeppelin-Briefmarken (Zeppelin über dem Malbun- bzw. Saminatal) werden herausgegeben. Die Frankatur ist nur am 10. Juni 1931 für den Zeppelinflug von Vaduz nach Lausanne gültig.

1934 In Vaduz findet im Rahmen der Liechtensteinischen Landesausstellung die erste Liechtensteinische Briefmarkenausstellung mit insgesamt 36 Exponaten statt. Aus diesem Anlass wird eine Briefmarke mit der für die damalige Zeit hohen Wertstufe von 5 Franken ausgegeben. Die Marke wird als so genannter «Vaduz-Block» bekannt.

Der Liechtensteiner Philatelisten Verband wird gegründet.

1935 Postflug Vaduz – Altenrhein – Innsbruck.

1936 Im neuen Postgebäude in Vaduz wird das Postmuseum eröffnet. Dieses sammelt und konserviert wichtige Dokumente der liechtensteinischen Philatelie- und Postgeschichte und macht diese einem breiteren Publikum zugänglich.

Erweitert wird die Ausstellung durch Original-Briefmarkenentwürfe und Material aus der Druckvorstufe sowie postgeschichtliche Dokumente, Geräte und Einrichtungen.

1938 Im Einvernehmen mit der Kreispostdirektion St. Gallen beschliesst die Regierung des Fürstentums Liechtenstein, den «Verschleiss» von Briefmarken vom Postamt Triesenberg abzutrennen und in Vaduz eine eigentliche «Verschleiss-Stelle» einzurichten.

Auf der Briefmarke zur 3. Liechtensteinischen Briefmarkenausstellung wird der 1901 verstorbene Musiker und Komponist Josef Gabriel Rheinberger abgebildet. Damit wird erstmals ein Liechtensteiner gewürdigt, der nicht der fürstlichen Familie angehört.

1946 Schellenberg erhält eine Poststelle.

1948 Umwandlung der bisherigen «Verschleissstelle für Postwertzeichen» in die Postwertzeichenstelle.

1949 Erstmals erscheint eine Serie von Briefmarken, auf denen berühmte Gemälde aus den fürstlichen Sammlungen abgebildet sind.

1951 Das Telefonnetz wird auf vollautomatischen Betrieb umgestellt.

Nach dem Zweiten Weltkrieg setzt in Liechtenstein ein starkes Wirtschaftswachstum ein, was sich auch im Postvolumen niederschlägt.

1954 Aus Anlass der Fussballweltmeisterschaft in der Schweiz wird erstmals eine Briefmarken-Serie mit Sportmotiven herausgegeben. Sportmotive erweisen sich als beliebte Sujets.

1958 Zur Teilnahme Liechtensteins an der Weltausstellung in Brüssel erscheint eine Briefmarke (zwei Wertstufen) mit einem Liechtenstein-Relief als Motiv. Die Briefmarke wird von Josef Seger entworfen und mit neuer Farbtechnik hergestellt. Der Künstler bezeichnet später diese Marke als seine beste.

1960 In Nendeln wird die 1912 geschlossene Poststelle wieder eröffnet. Gamprin-Bendern erhält eine Poststelle.

Am 9. September 1960 erscheint die erste Europa-Marke Liechtensteins (Wertstufe CHF 0.50). Es ist auch die erste Marke, die vom Grafiker Louis Jäger entworfen wird.

Die Marke sorgte in der Sammlerwelt für einiges Aufsehen und wurde zum Spekulationsobjekt. Die Auflage von 322 000 Exemplaren war sofort ausverkauft, da die europaweite Nachfrage unterschätzt wurde. Zu einem veritablen Sammlerstück wurde diese Marke aber auch dadurch, dass es eine zweite Auflage und ungezähnte Probedrucke in sehr kleiner Auflage gab.

1961 Die möglicherweise bekanntesten Briefmarken Liechtensteins sind die vier Minnesänger-Serien, die zwischen 1961 und 1970 erschienen. Die Entwürfe wurden nach den Original-Miniaturen der Manessischen Liederhandschrift gestaltet. Neben berühmten Minnesängern wie Walther von der Vogelweide wurden für die Briefmarkenausgaben vor allem Minnesänger mit einem besonderen Bezug zur Region ausgewählt, darunter Ulrich von Liechtenstein, Ulrich von Gutenberg, Konrad von Altstätten und Kraft von Toggenburg. Es wurde ein Golddruck angewendet, der vielen Sammlern sehr gut gefiel.

1962 Liechtenstein wird Vollmitglied des Weltpostvereins. 1874 in Bern gegründet, zählt der Weltpostverein zu den ältesten internationalen Organisationen. Er regelt die internationale Zusammenarbeit der Postbehörden und die Rahmenbedingungen des grenzüberschreitenden Postverkehrs.

1963 Liechtenstein wird Vollmitglied bei der Internationalen Fernmelde-Union (UIT) und der Europäischen Konferenz der Verwaltungen für Post und Telekommunikation (CEPT).

Die UIT ist eine Sonderorganisation der Vereinten Nationen und kümmert sich um die Abstimmung und Förderung der internationalen Zusammenarbeit im Nachrichtenwesen.

Die CEPT verfolgt das Ziel, als Forum für regulatorische Themen im Post- und Telekommunikationssektor die Mitglieder zu unterstützen und die Zusammenarbeit auf europäischer Ebene zu fördern sowie Grundsatzfragen wie z. B. die Nutzung der Funkfrequenzen auf europäischer Ebene zu klären.

1964 Am 1. Oktober 1964 werden in der Schweiz und in Liechtenstein offiziell Postleitzahlen eingeführt. Während grössere Gemeinden ihre eigenen Postleitzahlen bekommen, erhalten Nendeln, Schaanwald, Gamprin-Bendern und Schellenberg die Sammelpostleitzahl 9491. Diese wird am 28. September 1981 aufgelöst und alle Poststellen bekommen eine eigene Postleitzahl (vgl. Liechtenstein 1978–1988, S. 105).

1970 In Schaanwald wird die 12. und bis anhin letzte Poststelle Liechtensteins errichtet.

1971 Liechtenstein wird an das internationale automatische Telefon-Selbstwählsystem angeschlossen.

1980 Der Einmarsch der (damaligen) Sowjetunion in Afghanistan an Weihnachten 1979 veranlasste viele Staaten, vor allem westliche und islamische, den Olympischen Sommerspielen 1980 in Moskau fernzubleiben. So auch Liechtenstein. Die für die Sommerspiele vorbereiteten

Briefmarken wurden per Regierungsbeschluss zurückgezogen. In den jüngsten Jahren sind allerdings wenige Exemplare der Serie auf Auktionen aufgetaucht, aber bisher nicht verkauft worden. Einige Exemplare, die zu Rezensionszwecken an die Presse verschickt worden waren, wurden nicht zurückgegeben. Zusätzlich sind etwa 300 Serien (inklusive FDC's und Maximumkarten) vor der Vernichtung entwendet worden.

1988 Zusammen mit Costa Rica gibt Liechtenstein seine ersten Gemeinschaftsmarken heraus. Anlass für diese Briefmarkenausgabe ist ein Kulturabkommen mit Costa Rica.

1993 Liechtenstein tritt am 12. Januar 1993 PostEurop bei, der Vereinigung der europäischen Postorganisationen. Die Gründungsurkunde unterzeichnen Vertreter aus 26 Nationen. (Im Jahr 2012 zählt Posteurop 51 nationale Postgesellschaften als Mitglieder)

1995 Zum Jubiläum «75 Jahre Postvertrag mit der Schweiz» wird die erste Gemeinschaftsbriefmarke der Vertragspartner herausgegeben.

1998 Die einvernehmliche Auflösung des Postvertrags zwischen dem Fürstentum Liechtenstein und der Schweizerischen Eidgenossenschaft über die Besorgung der Post- und Fernmeldedienste im Fürstentum Liechtenstein durch die Schweizerischen PTT Betriebe wird eingeleitet. Mit den Gesetzen über die Errichtung und Organisation der Liechtensteinischen Post (POG) und dem Postgesetz (PG), erlassen am 18. Dezember 1998, werden die rechtlichen und organisatorischen Voraussetzungen für die Selbständigkeit der Liechtensteinischen Post AG geschaffen.

1999 Am 19. Februar 1999 wird die Liechtensteinische Post AG gegründet. Alleiniger Aktionär bleibt vorerst der liechtensteinische Staat.

Am 1. April 1999 wird der Postvertrag mit der Schweiz mit Wirkung ab 31. Dezember 1999 aufgelöst.

2000 Seit dem 1. Januar 2000 ist die Liechtensteinische Post AG vollständig unabhängig und ein nach marktwirtschaftlichen Strukturen ausgerichtetes, modernes und profitables Dienstleistungsunternehmen.

Die Personenbeförderung wird ebenfalls privatisiert und liegt nun in der Verantwortung der Liechtenstein Bus Anstalt (LBA).

2001 Im Oktober 2001 schliesst die Liechtensteinische Post AG ein Joint Venture mit TNT ab, um das internationale Kuriergeschäft auszubauen.

Am 1. Juli übernimmt die Postauto Schweiz AG die Personenbeförderung im Auftrag der Liechtenstein Bus Anstalt.

2003 Die Liechtensteinische Post AG startet das Logistikbusiness mit dem Ziel, den Kunden umfassende Lager- und Verpackungsdienstleistungen anzubieten.

2005 Die Schweizerische Post übernimmt 25% der Aktien der Liechtensteinischen Post AG.

Erstmals wird in Liechtenstein die Briefwahl ermöglicht (Landtagswahlen).
Erstmals gibt Liechtenstein eine Gemeinschaftsbriefmarke mit Österreich heraus.

Liechtenstein gibt eine Gemeinschaftsbriefmarke mit der Volksrepublik China heraus.

2006 Per 1. Januar werden das Amt für Briefmarkengestaltung und die Postwertzeichenstelle aus der Landesverwaltung ausgelagert und als Philatelie Liechtenstein in die Liechtensteinische Post AG integriert.

Gleichzeitig wird das Postmuseum dem Landesmuseum angegliedert.

2007 Die Philatelie Liechtenstein erhält ein neues Erscheinungsbild.

Das neue Betriebszentrum in Schaan wird sukzessive bezogen: Am 2. Mai starten erstmals Briefträger von dort. Die erste automatische Sortierung erfolgt dort am 21. Mai mit 15 517 Briefen in 23 Minuten. Anfang September startet der zentrale Kundendienst. Ende November kann die maschinelle Sortierung den Vollbetrieb aufnehmen.

2008 Nach den Poststellen verkaufen nun auch die Zusteller auf ihren Touren Drittartikel zum Nutzen und Komfort der Kunden.

2009 Im September 2009 gründet die Liechtensteinische Post AG die Tochtergesellschaft LIEservice AG.

Die Philatelie Liechtenstein kann mit einer Weltneuheit aufwarten: Am 2. Juli werden die ersten perforierten selbstklebenden Briefmarken mit geschlitzter Vorderseite ausgegeben. Es ist zugleich die erste Briefmarke, die zur Gänze in Liechtenstein produziert wird.

2010 Die Liechtensteinische Post AG verlegt ihren Hauptsitz nach Schaan.

Die Philatelie Liechtenstein gibt zur Teilnahme Liechtensteins an der Weltausstellung EXPO 2010 in Shanghai, China, einen Sonderblock mit einem chinesischen und einem liechtensteinischen Landschaftsmotiv heraus und beginnt mit einer Shop-Präsenz im Liechtenstein Pavillon auf der Weltausstellung den chinesischen Markt zu bearbeiten.

Die Ausgabe wurde 2012 in Peking beim China Annual Best Foreign Stamp Poll mit dem ersten Preis für den besten Sonderblock ausgezeichnet.

2011 Zu Beginn des Jahres 2011 wird in Österreich die Liechtensteinische Postbeteiligungs GmbH gegründet und die Mehrheit an der DIG GmbH, übernommen, welche im Laufe des Jahres in eine Aktiengesellschaft umgewandelt wird. Ebenso erfolgt die Übernahme der Medienagentur Gstöhl, welche heute unter dem Namen LIEmedien der Post AG auftritt. Im Juni 2011 startet die Zeitungsfrühzustellung im Raum Werdenberg/Wartau (Schweiz) durch die Liechtensteinische Post AG.

Im September wird in Shanghai ein Fotobuch mit Briefmarken der chinesischen Künstlerin Wang Xiao Hui herausgegeben. Als eine weitere Weltneuheit der Philatelie Liechtenstein erscheint im November eine Scherenschnitt-Briefmarke. Das Motiv, ein Drache, wurde mit Blick auf das chinesische Jahr des Drachens 2012 gewählt.

2012 Die Philatelie Liechtenstein feiert «100 Jahre Liechtenstein Briefmarken». Aus diesem Anlass wird am 1. Februar ein Block mit den vier regierenden Fürsten aus der Zeit von 1912 bis 2012 herausgegeben.

Im Juni erscheint die erste Gemeinschaftsmarke mit Deutschland mit der Pfälzer Hütte als Motiv.

Das Postwesen in Liechtenstein blickt auf eine lange und bewegte Geschichte zurück. Von wöchentlich verkehrenden Fussboten vor 700 Jahren, über eine einfache Briefsammelstelle in Balzers vor 200 Jahren, die jährlich gerade mal um die 900 Briefe verarbeitete, entstand im Wandel der Zeit die Liechtensteinische Post AG, ein modernes Dienstleistungsunternehmen, das jährlich 26 Millionen Briefe, 1,3 Millionen Pakete, 10 Millionen Zeitungen und 8 Millionen Werbesendungen verarbeitet und einen Umsatz von über 50 Millionen Franken erwirtschaftet.

Quellen:

50 Jahre Liechtensteinische Postwertzeichen 1912–1962. Jubiläumsfestschrift, herausgegeben von der Fürstlichen Regierung. Vaduz, 1962.

75 Jahre Liechtenstein-Briefmarken 1912–1987. Herausgegeben vom Postmuseum des Fürstentums Liechtenstein. Vaduz, 1987.

Daten aus der Postgeschichte des Fürstentums Liechtenstein. Broschüre. Herausgegeben vom Postmuseum des Fürstentums Liechtenstein. Vaduz, 2002.

Herzog, Mirko: Aus der Postgeschichte Liechtensteins. Die Gründung der k. k. Briefsammelstelle Balzers 1817. In: Bausteine zur liechtensteinischen Geschichte, Band 3. Hrsg. Arthur Brunhart. Zürich: Chronos Verlag, 1999. S. 303–346.

Liechtenstein 1938–1978. Bilder und Dokumente. Vaduz: Verlag der Fürstlichen Regierung, 1978.

Liechtenstein 1938–1988. Bilder, Texte und Dokumente. Vaduz: Verlag der Fürstlichen Regierung, 1988.

Liechtenstein 1938–1998. Bilder und Dokumente. Herausgegeben von der Regierung des Fürstentums Liechtenstein. Vaduz, 2008.

Rennenberg, Heinz: Die erste Briefmarkenausgabe Liechtensteins 1912. 100 Jahre liechtensteinische Briefmarken. Schriftenreihe Ring der Liechtensteinsammler e.V. Heft 14. Schaan, 2012.

Schlunegger, Ernst: Motivhandbuch Liechtenstein 1985–2011. Schriftenreihe des Schweizerischen Motivsammler-Vereins. Band 35. Basel, 2012.

Schlunegger, Ernst: Motivhandbuch Liechtenstein. Schriftenreihe des Schweizerischen Motivsammler-Vereins. Band 21. Basel, 1984.

Vogt, Paul: Brücken zur Vergangenheit. Vaduz: Amtlicher Lehrmittelverlag, 1990.

Fotografenverzeichnis

Sven Beham
Ruggell

Peter Klaunzer
Bern/Ruggell

Elma Korac
Sevelen

Marco Nescher
Schaan

Daniel Ospelt
Vaduz

Daniel Schwendener
Triesenberg

Malu Schwizer
Triesen

Paul Trummer
Mauren

Martin Walser
Vaduz

Michael Zanghellini
Schaanwald

Fotonachweis

Peter Klaunzer: 19, 56, 67-o, 92, 133, 151, 152, 157-o, 157-u
Elma Korac: 80, 165
Marco Nescher: 2, 8, 13, 14, 15, 20, 22, 36, 38, 46, 48, 60, 61-o, 62, 67-u, 71, 73-or, 73-u, 74, 77, 89, 91, 95, 99, 102, 104, 105-o, 109-u, 111, 115, 116, 118, 121, 122, 124, 127, 128, 130, 134, 139, 143-u, 145, 161, 164, 175, 176
Daniel Ospelt: 163, 167, 169, 177-o
Daniel Schwendener: 6, 47, 160, 173
Malu Schwizer: 96, 97, 98
Sven Beham: 183
Paul Trummer: 31, 55-o, 57, 59, 61-u, 66, 72, 73-ol, 78, 79-o, 79-u, 81, 83, 84, 87-u, 90, 101, 107, 108, 109-o, 110, 113, 114, 117-ol, 123, 135, 138, 141, 142, 143-o, 146, 154, 159, 171, 177-u, 192, 193-o, 193-u
Martin Walser: 11, 51, 53, 54, 63, 65, 68, 131, 136, 148, 155, 156, 168, 186, 189, 190
Michael Zanghellini: 17, 45, 55-u, 69, 86, 87-o, 105-u, 117-or, 117-u, 172
Weitere Quellen:
Roland Korner: 7, 26, 27, 28, 32, 34, 35
Landesarchiv: 25
Liechtenstein Museum Wien: 41, 42, 43
Ivoclar AG, Schaan: 178, 182, 185
Hilti AG, Schaan: 181
Hilcona AG, Schaan: 184

Zeichenerklärung:
o/ol/or = Foto oben/oben links/rechts
u/ul/ur = Foto unten/unten links/rechts

Autorenverzeichnis

Anton Banzer
Triesen
Seiten: 50, 58, 64, 70, 76, 82, 88, 94, 100, 106, 112, alle Bildlegenden

Alexander Batliner
Schaan
Seite: 150

Simon Biedermann
Schaan
Seite: 170

Mario F. Broggi
Triesen
Seiten: 120, 126, 132, 140, 144

Peter Geiger
Schaan
Seiten: 10, 12

Egon Gstöhl
Eschen
Seiten: 24, 30, 40, 44

Christian Hausmann
Balzers
Seite: 180

Markus Meier
Triesenberg
Seite: 158

Günther Meier
Vaduz
Seiten: 16, 18

Franz Näscher
Gamprin-Bendern
Seite: 174

Julius Ospelt
Vaduz
Seite: 188

Kornelia Pfeiffer
Vaduz
Seiten: 162, 166

Pio Schurti
Triesen
Alle Texte zur Philatelie, Legenden Briefmarken